Du même auteur

Récits
Le Troisième Jour, *Plaidoirie pro domo*, Paris, BoD, 2018.
L'exode, *Bisi Mavula*, Paris, BoD, 2018.

Contes
Guirlandes fanées *Contes du Congo Brazzaville,* Paris, Acoria, 2011.
Nouvelles guirlandes fanées *Contes et légendes du Congo Brazzaville,* Paris, BoD, 2018.

Proverbes
Le Masque des Mots *sous le toit de mon père (traduction de proverbes Kongo),* Paris, BoD, 2018.

Histoire
Brazzaville *Cœur de la nation congolaise* 1880-1970, BoD, Paris 2018.

Essai
Georges Brassens, *les diables s'en mêlent à présent*, BoD, Paris, 2018.

Poésie
Du pays d'où nous venons, BoD, Paris mars 2018 (en collaboration avec Benoist Saul Lhoni).

Les Trois Francs
ou
Malanda de Mbenseke

Couverture
© Benoist Saul Lhoni

Tous droits de traduction,
de reproduction, d'adaptation et
de représentation réservés pour tous pays

ISBN 978-2-3221-435-80

Patrice Joseph Lhoni

Les Trois Francs
ou
Malanda de Mbenseke
Drame en quatre actes

Théâtre

Préface

Quel dramaturge congolais peut affirmer ne pas être un *frère en littérature* de Patrice Joseph Lhoni ? De Guy Menga à Maxime Ndébéka, en passant par Sylvain Bemba, ou Sony Labou Tansi et Dieudonné Niangouna, le théâtre de Patrice Joseph Lhoni fut un exemple de construction dramaturgique. Nous avons, tous, grandi dans les bras des textes comme *Matricule 22* et *Les Trois francs*. Ces textes nous ont accompagnés à travers diverses mises en scène professionnelles ou d'amateurs. Le *Théâtre National*, les compagnies privées, les écoles et les lycées ont puisé dans une œuvre qui anticipait notre avenir en nous plaçant au centre de notre histoire.

Le Congo, dès les années précédant les indépendances, se construit, avec des auteurs comme Tchicaya U'Tamsi, Jean Malonga, Letembet-Ambilly, Guy Menga et Patrice Joseph Lhoni, un regard tourné vers la question congolaise. C'est comme si l'espace du cri d'affirmation que lance le poète Tchicaya U'Tamsi avec ces vers,

Sale tête de Nègre,
Voici ma tête congolaise

… affichait par anticipation l'exergue d'une quête littéraire à la Congolaise. La voie d'un réalisme merveilleux était ouverte.

En effet dès les années 60, comme le précise en 1982 Guy Menga dans le numéro 3 de la revue *Culture française*, le Congo se dote donc d'un nombre assez important de troupes – qui faute de répertoire national –, elles montent, adaptent et jouent des comédies ou des farces signées Molière, Marivaux ou Courteline. Car les auteurs ne prendront en marche le train théâtral ainsi lancé qu'à partir de 1962. Maurice Battambica, Guy Menga, Patrice Joseph Lhoni et Ferdinand Mouangassa seront les premiers à prendre place dans le compartiment réservé aux auteurs alors que dans celui des comédiens voyagent en nombre important les célébrités qui donneront ses premières lettres de noblesse à ce théâtre naissant. Ils s'appellent Élisabeth M'Passi, Pascal Mayenga, Marius Yelolo, Pascal Nzonzi, Victor NT'tua Kanda, pour ne citer que les plus connus sans pour autant oublier les seconds rôles et les figurants tout aussi importants, tant il est vrai que la création théâtrale demeure avant tout une œuvre collective. Les premiers succès remportés par ces comédiens et auteurs qui font figure de pionniers vont susciter un phénomène de création extraordinaire, chez les dramaturges surtout… Je suis, à l'instar d'autres dramaturges congolais, indéniablement redevable de ces *pionniers* d'un théâtre proposant un nouvel espace commun à bâtir, à travers une relecture dramaturgique de notre histoire.

Enfant, j'étais en quête de héros congolais, d'une mythologie qui me ferait comprendre le monde dans lequel je vivais. Je ne pouvais imaginer que *mon peuple* fut sans histoire, sans réalisations majeures, sans âme et sans projets d'avenir.

Dans l'espace de diverses parcelles de résistance menée par des hommes comme André Matsoua, ou des héroïnes comme Tchimpa Vita, le Congo m'est enfin apparu. Ni les flonflons des fêtes de l'indépendance ni l'école ne me donnaient cette certitude d'avoir une histoire à moi, une histoire qui me liait à un peuple, une culture et un projet de société.

J'ai trouvé dans l'œuvre dramatique de Patrice Joseph Lhoni, tous les questionnements de notre époque. La place du pouvoir dans la Cité, le respect des peuples et de leurs cultures, la probité et le respect des valeurs universelles, le droit des peuples à disposer d'eux-mêmes. La pièce *Liberté*, qui donne la parole à des personnalités historiques et culturelles majeures du XXe siècle est une mise en abyme de l'histoire qui restituait déjà à chaque Congolais sa part d'humanité, obstruée par des siècles d'infamie.

De manière prémonitoire, à travers une analyse et une observation intelligentes, qui n'enlèvent rien à la qualité littéraire, Patrice Joseph Lhoni nous installe dans notre modernité. Cela n'est pas étonnant lorsqu'on sait quel rôle l'auteur a joué dans la mise en place d'une politique culturelle brazzavilloise et par conséquent congolaise.

Si l'œuvre de Patrice Joseph Lhoni annonce la fin d'un monde que l'irruption du colonialisme bouscule et transforme par la force, elle scelle de façon durable une interrogation sur l'avenir et la place des valeurs qui s'installent dans un rapport de force entre l'endogène et l'exogène. Une interrogation qui demeure d'actualité aujourd'hui, portée par une mondialisation galopante.

Caya Makhélé
Écrivain

Drame en 4 actes,
dédié à Biza, fils de Tsina
Hommage posthume

Source

Ma nuit a été pleine de cauchemars ! Comment, du reste, aurais-je pu dormir tranquille, après un si odieux spectacle ? ainsi soupira mon père, à son réveil. La veille, il avait été au poste administratif de Boko, pour prendre part, en sa qualité de chef de village, aux manifestations officielles et solennelles de la fête nationale française du 14 juillet, date anniversaire et commémorative de la Révolution française — 1789 —, qui faucha le lys royal pour coiffer le bonnet phrygien (détail important dans le contexte de ce drame).

Au programme des manifestations (concours de danses intercantonales, mât de cocagne, course à pied dans des sacs, etc.), figurait un point majuscule : Fusillade de Malanda de Mbenseke. Incroyable, mais vrai. *L'affaire*, dite des 3 francs, faisait fureur et terrifiait les *indigènes*. Elle *chauffait*, disait-on.

En plus de l'impôt réglementaire de capitation, tout le monde, hommes et femmes, doit payer une nouvelle taxe dont le taux est fixé à 3 francs. Mais les habitants de Mbenseke (ils ne sont heureusement pas les seuls) se refusent résolument à s'acquitter de cette nouvelle exigence coloniale.

Un gros orage chargé de tonnerre alourdit l'atmosphère et plane au-dessus du petit village de Mbenseke. Il ne va pas tarder à éclater.

Des miliciens dépêchés du poste de Boko pour fléchir la volonté des réactionnaires inébranlables, « débarquent » à Mbenseke, mais ils sont attaqués et copieusement rossés par un ex-tirailleur, Yulu, aidé des villageois.

C'est du jamais vu ! *Car depuis que le Blanc règne en maître absolu dans le pays, on ne s'oppose pas à ses ordres, et s'attaquer à ses émissaires, c'est l'outrager lui-même ! Alors est ouverte une campagne de représailles. Afin de mener à bien la mesure, un renfort de miliciens partis de Brazzaville est mis à la disposition du chef de la* subdivision *de Boko. Des arrestations massives sont opérées. Elles ont un double objectif : réprimer l'insurrection, mais surtout mettre la main sur le principal instigateur à châtier en conséquence.*

En vain. Les habitants de Mbenseke ont déserté le village, tandis que le rebelle *Yulu est en fuite au Congo belge, non seulement pour éviter de tomber sous le coup de l'autorité coloniale bravée, mais aussi afin de pouvoir continuer à animer le mouvement de résistance. Les chefs meurent les derniers quand tout espoir de vaincre est fini.*

C'est donc Malanda, son jeune frère, qui sera pris et paiera à la place de Yulu ! Car le mutisme du cadet ne lèvera jamais l'équivoque, le quiproquo, et jusqu'au pied de l'arbre où on l'aura solidement amarré, Malanda se taira. L'administration coloniale croira toujours avoir fauché *la mauvaise herbe !*

Alors les tam-tams des réjouissances battent le plein, et allègrement. Malanda, les yeux bandés — ou plus exactement, on les lui bandera au pied de l'arbre de supplice —, est sorti de sa cellule pour être fusillé au déclin du jour d'un 14 juillet de triste mémoire. Déjà, les tam-tams se sont tus…

On *lui avait donné à manger, avant d'être exécuté, une boîte de corned-beef, et à boire un litre de vin rouge (sans doute un geste motivé par une crise de conscience des bourreaux, pour étourdir leur victime !)*

Puis, après l'avoir présenté à la foule des manifestants visiblement émus, on *le descendit au champ de tir, dans un bas-fond derrière la résidence du* commandant *et les bureaux administratifs. Malanda avait prié le Père supérieur Pourchasse surnommé* Yadzoma, *de la mission catholique de Voka, de lui administrer le sacrement des morts : l'extrême-onction. Le prêtre accéda au vœu du condamné.*

Mais au signal donné pour ouvrir le feu, les miliciens hésitèrent quelque peu. Le commandant s'énerva et fit des menaces. *Le premier coup partit, mais manqua son but ; le deuxième, itou ; le troisième frappa en plein cœur ; le quatrième fit sauter le cerveau en éclats. Le sang jaillit et ruissela le long du corps. Un médecin blanc s'approcha pour constater la mort du fusillé, mais pour être plus sûr, il sortit son pistolet…*

Ainsi conclut mon père, en soupirant, et s'enfermant soudain dans le silence, ce navrant récit qui lui avait hanté la mémoire toute la nuit qui suivit la fusillade. Mais qui vous dit qu'il l'oublia de sa vie ?

Thème de la pièce

Le gouvernement colonial de l'Afrique-Équatoriale Française a fait arrêter André Matsoua, dit Grenard, en 1929, alors qu'il se trouvait à Paris. Pourquoi ?

Au printemps de 1926, Matsoua a fondé une association à caractère social, en plein cœur de Paris : *L'Amicale des originaires de l'Afrique-Équatoriale Française*, afin de venir en aide aux *frères* africains qui vivent pauvrement en France.

Au pays, l'initiative est généralement accueillie avec beaucoup d'enthousiasme et, de 1926 à 1929, plus de 13 000 adhérents sont inscrits comme membres de l'*Amicale*.

Si elle est d'abord admise par les autorités coloniales qui allouent à l'Association même, une subvention annuelle de 1000 francs de l'époque, le succès sans cesse grandissant du *Mouvement* finit par les inquiéter.

C'est que, aussi, le président fondateur de l'*Amicale* a, entre-temps, adressé des lettres au gouvernement français présidé par le radical socialiste Gaston Doumergue, demandant que soit allégé le joug colonial (suppression du code de l'indigénat, respect de la dignité du colonisé, etc.).

D'autre part, Matsoua dénonce la cupidité des *Sociétés concessionnaires*, plus particulièrement de celles comme la C.F.H.B.C. (Compagnie française du haut et du bas Congo) qui se sont aliénées de vastes terres dans le nord du pays, véritables rapaces qui ruinent économiquement les populations autochtones !

L'*Amicale* prend alors, aux yeux du colonisateur, toutes les allures d'une vaste organisation politique, et ses partisans locaux la soutiennent vivement et fermement. Les autorités coloniales s'inquiètent, s'alarment, font arrêter Matsoua et dissolvent l'Association. Mais c'est le feu qu'elles ont mis à la poudrière !

Le gouvernement colonial, qui a sans doute pris conscience des errements de sa politique sociale négative à l'égard des indigènes, semble vouloir les réparer, et tenter ainsi, bien qu'il soit trop tard, de se racheter : il croit pouvoir y parvenir en distribuant des bœufs et des arachides pour promouvoir une ère socio-économique. À cette même fin, il institue une caisse dite de S.I.P. (Société Indigène de prévoyance) qui impose aux indigènes, pour l'alimenter, une taxe dite de *3 francs*, indépendamment, ai-je déjà dit, de l'impôt réglementaire de capitation.

C'est de cette taxe et de la vive réaction qu'elle suscita en milieu autochtone qu'il est question dans la pièce dramatique, *Les Trois francs ou Malanda de Mbenseke*. Comble de deux premières mesures (bœufs-arachides), successivement et catégoriquement repoussées par les indigènes qui y ont vu, selon leur propre expression, *une concurrence déloyale de l'administration coloniale*, pendant que celle-ci venait de dissoudre d'autorité l'*Amicale* qui allait, de leur propre initiative, leur permettre de s'organiser socialement et économiquement.

Le refus catégorique opposé par les indigènes aux mesures coloniales suscitera tous les bluffs doublés de toutes les menaces et de mesures de déportation à l'encontre des chefs traditionnels et des membres actifs voués à la cause de l'*Amicale*.

Alors, c'est l'indignation générale ; alors, c'est

la révolte ; alors, c'est le combat ouvert entre le colonisateur et le colonisé !

Il faut ajouter aussi que dans le fond, le drame des *Trois Francs* résume les méfaits du régime colonial dans son ensemble, dont l'impérialisme culturel, parmi ceux-ci, s'est traduit dans l'aliénation de notre personnalité. C'est, pour en souligner la puissance destructrice, que le drame (les deux premières scènes apparemment mal à propos) s'ouvre sur cette triste situation qui démontre à la fois combien le colonisateur entendait s'imposer en maître absolu devant qui *tout genou devait fléchir*, et pourquoi, de fil en aiguille, le refus de payer les fameux 3 francs fit tant de victimes ! À des gens qui ne parlent pas français, qui n'ont jamais appris la langue française, il est demandé de saluer le *Commandant* en… français ! Et le *Commandant* insiste et précise même que les femmes répondent… présentées.

Une vraie caricature des mœurs coloniales, car le même *Commandant* s'étonne de ce que les enfants ne portent pas les mêmes noms que leurs pères ! Son interprète le renvoie chez les Grecs et les Hébreux. N'empêche que tout le monde est tenu dans l'obligation de payer les 3 francs !

Résumé de la pièce

Acte I. – Le village de Kimpila, fief du chef suprême Biza, est en effervescence : le chef du département du Pool, M. Buttafoco (dont la corruption en vernaculaire donnera Mbutafoco) vient parler aux indigènes accourus des quatre vents du canton. Un fonctionnaire interprète de l'administration coloniale l'a devancé pour tout faire mettre en ordre, notamment la propreté du village. Mais le fonctionnaire-interprète est surtout préoccupé de la façon dont il faudra que les indigènes saluent le chef blanc, c'est-à-dire en… français, sa langue ! (scène 1). - De comique en comique, on assiste (scène 2) à un recensement de la foule venue au rendez-vous du chef de département, comme pour le salut au commandant, les indigènes doivent répondre à l'appel… comme tout le monde, c'est-à-dire en… français ! *Mais la comédie, malgré sa longueur, prendra fin, car le chef blanc a quelque chose de plus important à dire, concernant la situation qui prévaut dans le pays, provoquée par la taxe de 3* francs. *M. Buttafoco n'a pas mâché ses mots, et les quatre chefs de cantons, sitôt le rassemblement terminé, se rendent au poste de district de Boko, pour une mise au point de l'alarmante affaire de 3* francs *avec le* commandant *de ce poste (scène 3).*

Acte II. — *Les paroles tenues à Kimpila par le chef de département se sont répandues dans le pays comme une traînée de poudre, plutôt à la vitesse d'un spoutnik, dirions-nous aujourd'hui. L'impôt de 3 francs est boudé. De plus, le langage du chef blanc a exaspéré les esprits : il a, en effet, appelé* moutons *des personnes qu'il a fait exécuter dans d'autres districts où les indigènes ont refusé de payer les 3 francs. À la suite de quoi, les villageois de Mbenseke tiennent ce qu'on appellerait aujourd'hui un meeting de protestation. Ils décident qu'il ne saurait être question pour eux de se plier à cette nouvelle mesure coloniale : pas d'impôt de 3 francs à payer au* commandant, *ou la mort ! (scène 1). Afin de réduire leur résistance, le chef de district a dépêché des miliciens chez les rebelles. Mais les émissaires sont copieusement battus ! Le chef de district demande du renfort à Brazzaville (scène 2 dite du téléphone). Mais, conscient de la gravité de la situation, le père de Yulu exhorte son fils à s'évader. Refus du fils qui ne veut pas passer pour un lâche (scène 3).*

Acte III. — *Le monologue de Yulu placé devant l'alternative de la fuite ou de l'accomplissement du devoir patriotique (scène 1). Le père de Yulu et son ami Makola s'entretiennent des risques que court le jeune homme. Selon Makola, Yulu a tort de ne pas écouter son père, car, précise-t-il, il ne s'agit nullement d'une fuite lâche, mais d'une tactique qui permettra de continuer la lutte engagée ouvertement. Malanda, le cadet de Yulu, entre en scène et veut convaincre son frère de l'intérêt qu'il y a pour lui de se dissimuler (scène 2). Bien qu'il s'entête à ne pas bouger d'un pouce, Yulu finit par céder, mais, à sa place, Malanda sera capturé par les miliciens (scène 3 dite des réfugiés). Les miliciens rentrés au district avec leur* butin, *et le calme revenu, les réfugiés rejoignent leurs foyers (scène 4).*

Acte IV. – Le chef Biza s'entretient avec le chef de district, au sujet de Malanda (mais sans le nommer, afin de maintenir l'équivoque), pour qui il demande la grâce du commandant.

L'entretien se solde par un échec, devant l'intransigeance du commandant *(scène 1). Un jour de 14 juillet, le poste de district est pavoisé aux couleurs républicaines françaises, pour la commémoration de la Révolution de 1789. Depuis la veille, c'est un déploiement ininterrompu des réjouissances. Les danses vont bon train et les tam-tams battent bruyamment. C'est l'anniversaire d'une date qui a consacré, depuis un siècle et demi, la dignité de toute personne humaine, sous la devise :* « Liberté, Égalité, Fraternité », *devise de la République Française (cf.* Source, *2e alinéa, dernière ligne, la remarque mise entre parenthèses).– Mais Malanda sera exécuté !*

Personnages *(dans l'ordre d'entrée en scène)*

– La foule de Kimpila, au village du chef Biza
– Un fonctionnaire-interprète, et un milicien
– Mbutafoco (M. Buttafoco), chef du département
(région) du Pool
– Les quatre chefs de cantons : Biza, Samba-Ndongo,
Samba-Pala, Mbongo.
– Yulu, le meneur
– Bisuelele (M. Hupsverlin ?), chef du district de Boko
– Le père de Yulu
– Makola, ami du père de Yulu.
– Malanda, cadet de Yulu
– Les réfugiés
– La foule des danseurs du 14 juillet
– Yadzoma (le Révérend Père Pourchasse)

Acte I

Scène I

Au village de Kimpila. Le chef de canton, Biza, est entouré de ses chefs de terre et de village, l'écharpe tricolore française en bandoulière. La foule accourue au rendez-vous du chef blanc. Un fonctionnaire-interprète. On vient de procéder à la propreté du village. La foule apprend la manière de saluer le chef blanc.

Le fonctionnaire. — Attention ! attention ! Mettez-vous bien en ordre ! Bon. Je vais vous apprendre comment on doit saluer le commandant. Répétez donc après moi : Bonjour, mon-sieur l'ad-mi-nis-tra-teur ! Allez !

La foule. — Bo-ziou, mis-sié l'ati-mi-na-si-télé ! Allez !

Le fonctionnaire. — Non, ce n'est pas ça ! Écoutez bien : Bon-jour, mon-sieur l'ad-mi-nis-tra-teur ! Allez !

La foule. — Bo-ziou-ré, mézié l'ati-mi-na-si-télé ! Al…

Le fonctionnaire *(coupant net)*. — Noon ! Hoyaya ! Je vous dis : Bon-jour, mon-sieur l'ad-mi-nis-tra-teur ! Voilà tout.

Un de la foule. — *Ka tu lenda ku m'bikila ko mu zu dia beto beni ?* (Ne pouvons-nous pas le saluer dans notre propre langue ?)

Le fonctionnaire. — *Dia ka zebi, dia ka wa ?* (La connaît-il, la comprend-il ?)

Le même, de la foule. — *A mbo beto ni tu zebi, ni tu wa dia yandi ?* (Et nous, connaissons-nous, comprenons-nous la sienne ?)

Le fonctionnaire. — *M'samu aku !* (C'est ton affaire).

Le villageois déconcerté hausse les épaules.

Le fonctionnaire. — Vous ne pouvez saluer le commandant autrement que dans sa langue. Bon. Cela dit, puisque vous ne pouvez pas prononcer correctement le mot administrateur, changeons-le. Dites seulement : Bon-jour, mon com-man-dant ! Allez !

La foule. — Bo-ziou-ré, mà *(les uns continuent à dire : mé-zié)* Ko-mâ-nda ! Allez !

Le fonctionnaire. — Holala ! C'est encore pire ! Têtes de caillou ! Reprenez-moi ça : Bon-jour, mon com-man-dant ! Allez !
(Mais un coup de sifflet annonce l'arrivée du chef blanc, et le fonctionnaire, sur un ton accéléré)
– Attention ! attention ! Bon-jour mon com-man-dant. ! Allez !

La foule. — Boziou mâ *(les uns disent mézié, les autres moussié)* komànda ! *(Quelques distraits reviennent à mouzié l'ati-mi-na-si-té-lé ! de sorte que le tout sombre dans la plus pittoresque des cacophonies, sous l'interjection « Aaallleez » exécutée sur un point d'orgue ! Et le commandant, au lieu d'être amusé, est visiblement choqué et mécontent !)*

Le commandant. — Bravo pour la belle cacophonie !

(Naïve, la foule applaudit !)

Scène II

Le recensement. Un milicien met de l'ordre dans la foule.

Le milicien. — *Sanzima ! Sanzima !* (Recensement ! Recensement !)

Le fonctionnaire. — *Tânga ba ku lu tânga !* (On va vous compter.)

Un de la Foule. — *Bue ta ta ?* (Que dis-tu ?)

Un autre de la Foule. — *Beto Nzambi wa tu tànga !* (Nous sommes déjà comptés par Dieu !)

Le milicien *(intervenant)*. — *Ranzi gropi ! Ranzi gropi !* (Rangez-vous par groupe !)

L'interprète. — *Yendeno be mu mabundu-mabundu !* (Mettez-vous par groupe !)

Le milicien. — *Fouâmi avequi son z'homme i son z'enfouants !* (Les femmes avec leurs hommes [maris] et leurs enfants !)

Les groupes se forment, avec pas mal de brouille, sous la trique menaçante du milicien dévoué, et qui se donne des occasions de s'en servir.

Le commandant. — Tout est prêt ?

Le milicien *(dans un gardez-vous impeccable).* — Oui, mâ Komanda !

Le commandant *(à l'interprète).* — Alors sans plus tarder, on commence. Appelez-moi les gens par village, par groupe de famille, les chefs des villages en tête. Compris ?

L'interprète. — Oui, mon commandant.

(Il ouvre le registre et procède à l'appel) :

– Chef Zeba, de Yânghâ !

Zeba, terrorisé par la présence du commandant et les gesticulations du milicien, ne sait quoi dire. L'interprète reprend) :

– Chef Zeba, de Yânghâ !

(Zeba… un de ses amis le secoue).

– *Eh ! Zeba, a mbe ni nghe ba ta tânguna, tâmbula !* (Eh ! Zeba, mais c'est toi qu'on appelle, réponds donc !)

L'interprète. — Zeba !

Zeba. — Yôndo !

Le commandant *(à l'interprète).* — Que dit-il ?

L'interprète. — Il dit : « Me voici ! »

Le commandant. — C'est-à-dire ?

L'interprète. — Il est là !

Le commandant. — Je m'en fous qu'il soit là ou ailleurs ! Qu'il réponde comme tout le monde : Pré-sent !

L'interprète *(à Zeba).* — *Ta : Pré-sent !* (dis : pré-sent !)

Zeba… l'oreille tendue.

L'interprète. — *Tâmbula : Pré-sent !* (réponds : Présent !)

Zeba. — *Padissa !*

Le commandant *(rectifiant)* : – Préé-sent !

Zeba *(s'évertuant)* : – Péliza !

Le commandant. — Ça promet ! Et sa femme et ses enfants ?

L'interprète *(appelant la femme de Zeba).* — Maleka !

Maleka. — E wu !

Le commandant. — Qu'est-ce que c'est que ce jargon ?

L'interprète. — Comme son mari tout à l'heure, elle dit : Me voici !

Le commandant. — Les femmes répondent : pré-sen-tes !

L'interprète *(à Maleka).* — *Bakento ba te : pré-sen-tes !*

Maleka *(Se voilant le visage)*. — Padizaté !

Le commandant *(avec insistance)*. — Pré-sen-teee !

L'interprète *(à Maleka)*. — *Vutu ta : présente !* (Recommence : présente !)

Maleka *(contrariée)* : — *A bue ni vutu tela ? Mbila ya wu m'tele ni ya m'tambudi ! Pédizate, pedizate, a mbo dio mpe nsia zu ?* (Comment dois-je recommencer ? À ton appel, j'ai répondu ! Pédizaté, pédizaté, quelle est donc cette langue ?)

Le commandant. — Assez de charabia ! Qu'elle réponde comme tout le monde !

L'interprète. — *Zu diaku dio bika dio ! Ta bu ba fueni tambudila !*

Maleka. — *Yaya kekoso e ! pé-di-za-tèéè ! tsia bonghe !* (Ça alors ! Pé-di-za-tèéé ! Ça te va ?)

L'interprète visiblement gêné semble dire au commandant que ce n'est pas sa faute.

Le commandant. — Passe outre ! Et leurs enfants ?

L'interprète. — L'homme et la femme sont seuls inscrits au registre, mon commandant.

Le commandant. — Aux suivants, et plus vite que ça ! Mais j'insiste sur la manière de répondre.

L'interprète. — Toma-dia-Tûnga !

Le commandant (*admirateur*). — Comment est-ce que tu l'appelles ?

L'interprète. — Toma-dia-Tûnga, mon commandant.

Le commandant (*corrompant la prononciation*). — Ntomo-ndia-Ntunga ! C'est un joli nom, par hasard.

L'interprète. — Mais son sens est bien plus joli encore, mon commandant.

Le commandant (*visiblement intéressé*). — Ah ? Tomo-ndia-Ntunga a un sens ? Et qu'est-ce qu'il veut dire par exemple ?

L'interprète. — Sache l'habiter, mon commandant !

Le commandant. — Comment devrais-je savoir l'habiter, lui ?

L'interprète. — Non mon commandant, ce n'est pas lui, mais ta famille ou ton village !

Le commandant. — Ah ! Ah ! Ntomo-ndia-Ntunga veut donc dire : savoir se comporter en famille, dans le village ou la société ?

L'interprète. — C'est ça, mon commandant.

Le commandant. — Ce n'est pas mal dit, Ntomo-ndia-Ntunga ! On ne soupçonnerait pas qu'il y eût un brin de sagesse dans le crâne des macaques ! Ntomo-ndia-Ntunga ! Mais passons.

L'interprète *(rectifiant la prononciation défectueuse du commandant)*. — Non, mon commandant.

Le commandant. — Comment non, mon commandant ? Tu voudrais qu'on s'y éternise ?

L'interprète. — Ce n'est pas tout à fait comme cela ; il faut bien prononcer, au risque de fausser complètement le sens du nom : To-ma-dia-Tû-nga.

Le commandant. — Hum ouais, si tu veux. Alors, ou tu t'exprimes mal, ou tu ne sais pas ce que tu dis…

L'interprète. — Non, mon commandant, c'est toi qui prononces mal le nom de Toma-dia-Tûnga. Il y a même deux façons différentes de le dire : en appuyant soit sur, To-ôma, la première particule, soit sur Tu-ûnga, la deuxième particule, ce qui donne différemment Toôma-dia-Tûnga ou Toma-dia-Tuûnga ! Selon qu'on veut donner de l'importance au premier ou au deuxième mot de ce nom composé. Ce qui revient à dire, en d'autres termes, qu'on estime plus important le comportement de l'individu ou le cadre de la société dans laquelle il vit. Tu vois !

Le commandant. — Rrrien du tout. Et puis, quelle importance ? C'est, en somme, un nom barbare, ni plus ni moins. Passons. Mais je tiens encore une fois à ce que tout le monde sache répondre à l'appel, fut-il Ntomo-ndia... ndia... ndia... Ntungu-Tomo ! Ça y est ! j'y suis. Mais passons.

L'interprète. — Mais nous sommes toujours sur lui, mon commandant.

Le commandant. — C'est vrai, son nom m'a égaré un moment. Alors, qu'est-ce qu'il dit ?

L'interprète *(appelant)*. — Toma-dia-Tûnga ! Toma-dia-Tûnga...

Le commandant. — Quoi ? Serait-il muet, par contre ?

L'interprète. — Toma-dia-Tûnga !

Toma-dia-Tûnga. — *Bua ba ta tambudila ka nzebiani bua ko.* (De la manière dont il faut répondre, je ne sais rien.)

Le commandant. — Comment ?

L'interprète. — Il ne sait pas répondre, de la façon dont tu l'exiges.

Le commandant. — Lui, comme les autres, il n'y a pas moyen de le sortir de sa belle coquille ! Il y est bien à l'aise, puisqu'il sait s'y plaire. Il m'énerve, à la fin !
Je le dis, je le répète, pour la dernière fois, que tout le monde doit arriver à dire : pré-sent ! Lui, surtout, et pour cause.

L'interprète. — Toma-dia-Tûnga !

Toma-Dia-Tunga. — *Ninga ni me* ! (Oui, c'est moi !)

Le commandant. — Quoi ?

L'interprète. — Oui, c'est lui !

Le commandant. — Croit-il donc que c'est moi ? Un imbécile heureux de cet acabit ! Passons. Sa femme et ses enfants, maintenant ?

L'interprète. — Ni femme ni enfants. Il est seul sur la page du registre, mon commandant.

Le commandant. — Pauvre Ntom… Ntum… Ndia… ! Il sait seulement vivre dans sa société, mais inapte à y fonder un foyer ! Aux suivants ! Et dépêchons-nous !

L'interprète. — Biniakunu !

Biniakunu. — Pazadi !

Le commandant. — Ça, c'est le bouquet ! Même en corrompant le vocable *présent* qui prend alors toute la saveur des idiomes locaux, ton pauvre Bi… Binukianu trouve le moyen de s'embrouiller en inversant les syllabes ! Aux suivants !

L'interprète *(appelant la femme de Biniakunu)*. — Mundele !

Le commandant. — Com… comment ? Toi aussi tu chavires ? Mais qu'est-ce que c'est que ce *mundele* que je suis vient faire ici ? Car j'ai ouï dire chez vous, *mundele*, désigne le Blanc. Alors ?

L'interprète. — Non, mon commandant, pour le cas présent c'est tout simplement le nom de la femme de Biniakunu.

Le commandant. — Tiens, tiens ! Comment ça ?

L'interprète. — Eh oui ! Mon commandant, c'est facile à comprendre, c'est parce qu'on a dû dire une fois aux parents de la femme de Biniakunu qu'ils étaient fiers ou orgueilleux, voire arrogants comme les Blancs, qu'à la naissance de leur fille, ils lui ont donné le nom de Mundele. Pour consigner la boutade, mon commandant.

Le commandant. — Ah ! C'est ainsi qu'il y a chez vous des nègres blancs ? Comme on peut tout de même se moquer de sa peau ! Continue.

L'interprète. — Mundele !

Elle se présente, suivie de ses deux enfants, un garçon et une fille.

Le commandant. — Rien à faire avec ces têtes de bourriques ! Leurs mœurs, leurs coutumes ! Impossible de les en décrotter. Les femmes comme les hommes ne peuvent dire *pré-sent*, deux jolies syllabes ! Pitoyable ! Mais quels sont les noms de ces deux moineaux ?

L'interprète. — Ils ne sont pas portés dans le registre, mon commandant.

Le commandant. — Pourquoi donc ?

L'interprète. — C'est qu'ils n'ont jamais été déclarés, mon commandant.

Le commandant. — Qu'à cela ne tienne. Demande donc leurs noms à leurs parents, et inscris-les tout de suite. C'est une obligation pour tout être humain qui vient au monde d'être enregistré. L'État civil est une invention, une idée géniale de notre grand empereur Napoléon Bonaparte.

Ah ! Nos rois et nos empereurs, mille ans d'Histoire et de grandeur de la France dont la vocation, depuis l'aube des temps, est de répandre sa civilisation de par le monde *(il se met à chanter sur un ton déclamatoire)* : *La France est belle, ses destins sont bénis, etc. Et puis, la République est venue, non moins glorieuse. La IIIe surtout ! Celle des conquérants de nos vastes terres, d'outre les océans, avec les noms célèbres des Lyautey, des Brazza, et j'en passe, et peut-être des plus illustres. Oui, mais pour vous, ce sont des sons creux...* Mais je m'égare, continuons ! Allez, vite, les noms des moineaux ?

L'interprète. — *Teno nkumbu za bala* (dites les noms des enfants)

Mundele. — *Waka Samba, waka Suekolo* (l'un s'appelle Samba, l'autre, Suekolo)

Le commandant. — Qu'est-ce qu'ils bafouillent encore ?

L'interprète. — L'un s'appelle Samba, et l'autre, c'est Suekolo, mon commandant.

Le commandant. — Comment ? Mais cela ne se peut, voyons !

L'interprète. — Pourquoi pas ? Mon commandant ?

Le commandant. — Des enfants qui ne portent pas les mêmes noms que leurs parents ? Sont-ils à eux, oui ou non ?

L'interprète. — Mais si, mon commandant, ils sont bien à eux. Chez nous, les enfants ne sont pas forcés de porter les mêmes noms que leurs parents directs, et…

Le commandant. — Chez vous ? Où chez vous ? Mais pourquoi, diable ?

L'interprète. — C'est la coutume, mon commandant.

Le commandant. — La coutume ! Oui, drôle de coutume, en vérité ! Et l'on est bien forcé de croire que l'Afrique est le continent des contrastes, et où les gens raisonnent à rebours ! Des pères et des enfants qui portent des noms différents ! Jamais vu.

L'interprète. — Mais, mon commandant ! Moi, j'ai vu dans la Bible que Isaac était le fils d'Abraham, et que, par ailleurs, le grand stratège grec, Alexandre le Grand, avait pour père Philippe de Macédoine, et que…

Le commandant. — Suffit ! Ah bon, tu as lu la Bible ?

L'interprète. — Non, mon commandant, je ne

l'ai pas lue, mais je la lis tous les jours. J'y ai même appris que tous les hommes sont égaux, les Blancs comme les Noirs. Je te dirais même que je suis protestant. Enfin, mon commandant, si tous les papas ne donnaient rien que leurs noms à tous leurs enfants, il y a des noms qui auraient depuis longtemps disparu. Ce serait le cas des noms de gens stériles. Pourquoi, à cause d'un vice congénital, pour lequel ils ne seraient pour rien, perdraient-ils l'honneur de léguer leur nom à la postérité ? Or chez nous, le nom d'un membre de famille est un bien impérissable, au même titre qu'une terre ancestrale que nous recevons en partage, par exemple. Il est aussi, non seulement un simple souvenir, mais un honneur pour tout le clan. Voilà pourquoi, héritiers de tous les biens de la famille, les parents sont en droit de donner à leurs enfants les noms de leur choix, pris dans la lignée des ancêtres défunts, ou des survivants même, et cela, soit pour perpétuer leur mémoire, soit pour rappeler un événement heureux ou malheureux survenu dans le foyer, etc. En somme, nos noms sont tous significatifs de quelque chose. Oui, mon commandant, c'est ça, et tout le reste.

Le commandant. — Hum ouais ! Décidément, vous nous échapperez par un côté ou par un autre. Mais revenons à ton… Bi… Binukianu.

L'interprète *(rectifiant).* — Bi-nia-ku-nu, c'est-à-dire : une bonne aubaine qui te tombe droit du ciel, et qui te tire de tout embarras !

Le commandant. — Si tu veux ! Continue l'appel.

L'interprète. — Biniakunu !

Biniakunu. — Pélézadi !

Le commandant. — Rrrien à faire ! En tout cas, en fait de *bonne aubaine*, comme tu dis si bien, en voici une qui lui échappe totalement ! Un simple petit mot de sept caractères, de sept lettres, si tu préfères, que les tout petits enfants de chez nous prononcent aisément dès le berceau, et qui est ici un objet de tourment pour de vieux ânes ! Enfin, passe outre ! Demande-lui quel est l'aîné de ses deux moineaux.

L'interprète. — *Mwana wa m'tete na, mu ba bole ?* (Lequel est l'aîné des deux enfants ?)

Biniakunu hésitant, portant les yeux tantôt sur le garçon, tantôt sur la fille.

Le commandant *(s'énervant).* — Qu'est-ce

qu'il attend encore, et qu'est-ce qui fait pouffer de rire ce tas de gorilles ? Milicien, mets-y donc un peu d'ordre, et fais-les taire en faisant travailler ta trique !

Le milicien ne se le fait pas répéter, et passe à l'action.

L'interprète. — Sa malu, komânda dasukidi ! *(Dépêche-toi, le commandant est fâché !)*

Mundele *(à son mari)*. — *E ta Biniakunu e ! A mbe mwana wa m'tete Suekolo, eka bu ta ku m'zimbakana nkumbu !* (Eh ! Monsieur Biniakunu, mais c'est Suekolo, notre premier enfant, et comment peux-tu l'avoir oublié ?)

Biniakunu *(à sa femme)*. – *Eka nghe zebi yo tà kua, a mbe bâla ba beto bole !* (Puisque toi tu le sais, parle ! Les enfants ne sont-ils pas à nous deux ?)

Le commandant. — Quoi ? C'est le moment de se quereller ? Qu'est-ce qu'ils peuvent bien se raconter là ?

L'interprète. — La femme rabroue le mari dont la mémoire est défaillante, tandis que le mari reproche à la femme son mutisme.

Le commandant. — Oui, elle peut avoir raison. Et lui peut-être aussi. Mais cela ne nous avance à rien. Quel est l'aîné de leurs enfants ? Voilà la question, et je ne vois pas pourquoi elle susciterait des palabres !

L'interprète. — *Mwana wa m'tete naaa ?* (L'aîné des enfants, qui est-ce ?)

Biniakunu. — ...

Le commandant. – Sapristi ! Tonnerre de Brest ! Où donc donnerait-il de la tête s'il en avait fabriqué cinq ?

Biniakunu. — *Kani, Suekolo !* (Non c'est Suekolo !)

Le commandant. — Bon, il y est enfin ! C'est le garçon, alors ?

L'interprète. — Je ne saurais vous le confirmer, mon commandant.

Le commandant. — Mais, nom d'un continent ! Qui va me le dire ?

L'interprète. — C'est qu'il dit le nom de la fille, tandis qu'il montre des yeux le garçonnet !

Le commandant. — Hoyaya ! C'est à peine croyable ! Alors, c'est la fille ou le garçon ? Dépêchons-nous !

Mundele. — Suekolo !

L'interprète. — La femme précise que c'est la fille !

Le commandant. — En… fin ! Mais, soit dit en passant, on n'est pas *Mundele* sans intelligence, hum ? Demande maintenant leur âge respectif !

L'interprète. — *Mvula kwa-kwa ze nau ?* (Quel est l'âge de chacun ?)

Biniakunu. — ... *(se grattant la tête d'embarras)*

Mundele *(à son mari).* – *Eka ta Biniakunu, nsio kani bua ba tà ka buena naku ko !* (Eh ! Monsieur Biniakunu, tu t'embarrasses pour si peu !)

Biniakunu *(répondant à sa femme).* — *Eka tà za kua nghe zebi zo !* (Alors, dis-les, toi qui les connais !)

Le commandant. — Encore la chamaille ? Où donc se croient-ils, l'un et l'autre ? Milicien, fais les taire !

Celui-ci veut esquisser un geste, mais...

Mundele *(intervenant).* – *Waka mvula kûmi, waka sambanu !*

Le commandant. — Qu'est-ce qu'elle nasille ?

L'interprète. — L'un a dix pluies, et l'autre en a six, mon commandant.

Le commandant. — C'est-à-dire ?

L'interprète. — Eh bien, c'est-à-dire qu'à raison d'une saison annuelle de pluies du calendrier grégorien, cela revient évidemment à dire que les deux enfants sont respectivement âgés de dix et six ans !

Le commandant. — C'est, ma foi, une curieuse façon de compter l'âge !

L'interprète. — Je ne crois pas, mon commandant.

Le commandant. — Comment, tu ne crois pas ?

L'interprète. — Eh oui ! Car, comme disait ton

prédécesseur, et à peu de chose près, c'est comme pluviôse, thermidor, fructidor, germinal, etc. !

Le commandant. — Oui, mais selon notre calendrier républicain, au lendemain de notre révolution, vous, vous n'avez pas de révolution…

L'interprète. — Qu'est-ce que c'est, mon commandant ?

Le commandant. — Hum ! Mieux vaut pour toi que tu ne le saches jamais ! Autrement, il en irait de l'avenir colonial ! Revenons plutôt à l'âge des enfants : dix et six saisons de pluies, c'est-à-dire : dix et six ans ! Alors, c'était difficile à dire ça ? En fin de compte, c'est la femme qui a un peu de mémoire. Tandis que l'autre à qui il ne coûte rien de fabriquer les enfants, s'en fiche éperdument et royalement ! Aux suivants !

L'interprète. — Mabiongo-Manzahu-Bisalu-Biafua !

Le commandant. — Holala ! Arrête ! C'est y un nom ça ?

L'interprète. — Oui, mon commandant, c'est en quelque sorte la galerie de ses ancêtres, et…

Le commandant. — Voui, voui. Et quoi encore ? Répète-le, voir.

L'interprète. — Mabiongo-Manzahu-Bisalu-Biafua !

Mabiongo. — Palazadi !

Il se présente, suivi de ses femmes.

Le commandant. — Mais, ma parole, que viennent faire toutes ces mamas-là autour de lui ?
L'interprète. — Ce sont ses femmes, mon commandant.

Le commandant. — Hein ? Rien que ça ? Enfin, je veux dire tant que ça ?

L'interprète. — Oui, mon commandant. Mais ça ne lui fait que cinq seulement. Alors qu'à sa place, d'autres…

Le commandant. — Oh ! Toi, tu me diras toujours, oui mon commandant ! Oui mon commandant ! Et tu dis que ça ne lui fait que cinq seulement ! Mais tu aurais voulu qu'il en eût combien ?

L'interprète. — À ce sujet précis, mon commandant,

aucune restriction ou limitation légale possible, et d'ailleurs…

Le commandant. — Évidemment ! La coutume, sans doute, derrière laquelle vous vous retranchez tous !

L'interprète. — Oui, mon commandant, car il faut aussi te dire qu'à force d'hériter des veuves, le nombre des femmes sous un même toit ne peut cesser de croître, et…

Le commandant. — Oui, tu es tout prêt à me dire que même dix femmes, c'est comme si ce n'était pas encore assez !

L'interprète. — C'est ça, mon commandant, car il faut en faire travailler le plus grand nombre possible dans les plantations, et ça rapporte ! Enfin comme il n'existe, aucune obligation coutumière, personne n'est tenu d'avoir plusieurs femmes. Notre tradition est très souple là-dessus, mon commandant.

Le commandant. — Bon, bon, garde tes coutumes, mais quel est déjà le nom de ton gallinacé cinq fois galant ?

L'interprète. — Mabiongo-Manzahu-Bisalu-Biafua.

Le commandant. — Oui, un nom à dormir debout ! Des harems et des sérails et des kyrielles de noms pour une seule personne, c'est, ma foi, Gargantua sous les tropiques ! Bon, en voilà assez ! Car, à continuer avec ces zèbres-là, on n'en aurait pas fini jusqu'à l'année prochaine. Ferme ton registre ; tu reviendras une autre fois poursuivre l'opération avec un commis auxiliaire.

L'interprète *(expliquant à la foule).* — *Ntangu yinghi lu ta hombesa Komânda. Nsia ka tele ti lumbu tsiaka mboko ndizi manisa lutangusu.* (Vous faites perdre trop de temps au commandant. Voilà pourquoi je devrais revenir une autre fois continuer le recensement).

Le commandant. — Bon. Dis-leur que je ne suis pas seulement venu pour les recenser.

L'interprète. – *Komânda ka tele kizidi ako mu ku lutànguna kua...*

Le commandant. — Oui, j'ai plus important et plus grave à leur communiquer.

L'interprète. – *Ninga, Komânda m'samu wa ngudi, wa m'nene we nandi ka lu têla.*

Le commandant. — Oui, dis-leur que je viens de faire tuer deux moutons à Mayama.

L'interprète. – *He, Komânda bindongo biole ka sidi hondesa ku Mayama.*

Un de la foule. – *Beto mpe bindongo biole katu natini, ka hondesa, tu dia ? Eka he bie ?*

Le commandant. — Que dit-il ?

L'interprète. — Il demande si tu leur as amené aussi deux moutons que tu vas faire tuer, et qu'ils vont manger. Mais où sont les deux moutons ?

Le commandant. — Dis-leur que, pour la circonstance, quand je parle de deux moutons, je veux dire deux hommes ! Oui, deux hommes que j'ai fait fusiller !

L'interprète *(surpris)*. — S'il te plaît, mon commandant ? Je n'ai pas bien compris.

Le commandant. — Ce ne sont pas précisément des moutons que j'ai fait tuer, mais bel et bien deux hommes. Dis-le-leur.

L'interprète. — *Tomeno wa bu ta zolo ta*

Komânda : ka ngula bindongo ko ka hondese, kâ bantu bole.

Surprise et indignation de la foule.

Le commandant. — Oui, c'est ça ! Deux hommes que j'ai envoyés à la mort, parce qu'ils avaient la tête dure !

L'interprète. — *He ni bo ! Bantu bole ka hondese mu bungu dia tungu diau !*

Le commandant. — Dis-leur : la mauvaise herbe, on la fauche sans pitié ! Insiste bien sur les mots : mauvaise herbe, faucher, sans pitié !

L'interprète. — *Komânda yandi ti : mahe ma mabi tsàku ma tsàku, tsiàdi pele !*

Le commandant. — Oui, c'est ça ! Dis-leur, que les deux crapules de Mayama méritaient, pareille sanction et pas autre chose !

L'interprète. — *Ntûnta zo za zole za Mayama, ni bo kua bua ba fuanakana, buake pele !*

Le commandant. — Dis-leur que le commandant

est le grand chef de tout le monde. Par conséquent, tout le monde lui doit obéissance, sans condition !

L'interprète. – *Komânda bu ka tele yandi mpfumu ya nene ya bantu ba bansoni. Buna bantu ba bansoni ba fueni ku m'widikilà, kàni ka bue !*

Le commandant. — Dis-leur que le commandant est intelligent, et que tout ce qu'il dit ou fait est intelligent, bon et juste !

L'interprète. – *Komànda yandi ti : mayela ma minghi menandi, nsiangu m'samu ni m'samu wu ka ta keti wu ka yidika wa sungama, wa m'bote, wena dedede !*

Le commandant. — Est-ce qu'ils m'entendent et me comprennent bien ?

L'interprète. — Ngàna yandi lu ta wa, yandi lu ta bakisa ?

La foule *(sans vie)*. — Eee… (Oui…)

L'interprète. — Oui, mon commandant !

Le commandant. — Quoi ? Oui mon commandant ?

L'interprète. — Ils t'entendent, et ils te comprennent bien.

Le commandant. — C'est bon. Alors, qu'ils fassent attention !

L'interprète. — *Ni bo ! Tsi seno mayela !*

Le commandant. — Car je ne suis pas venu pour leur parler uniquement des deux moutons de Mayama !

L'interprète. – *Komànda hôti : kizidiako mu ku lu zonzila kua bindongo bia Mayama !*

La foule (*étonnée*). — ? ? ?

Le commandant. — Oui, les deux moutons de Mayama menaient une campagne contre l'impôt de *3 francs* !

L'interprète. – *Ninga, bindongo bio bia biole bia Mayama, mpaku ya fualanka tatu bedi kue kanikini mu futa !*

Le commandant. — Répète-le-leur !

L'interprète. — *Ninga, bindongo…*

Le commandant. — Bien. Mais dis leur bien, que la même sanction sera appliquée, avec la même rigueur impitoyable, à ceux d'entre eux qui viendraient à se rebeller contre cet impôt !

L'interprète. — *Ni bo. Buna mia mona mpfuenghe ni mia mono m'baku, taleti beno mpe lu kadidi mu futa fualanka zo za tatu!*

Le commandant. — C'est ça ! Mais qu'ils se le tiennent pour dit, et une fois pour toutes !

L'interprète. — *Ni bo ! Kanso wena makutu ka we !*
Le commandant. — Est-ce bien compris ?

L'interprète. — *Lu tomene wa ?*

La foule *(toujours sans vie)***.** — ***Eee !*** (Oui !)

L'interprète. — Oui, mon commandant !

Le commandant. — Bon, ça va !

L'interprète. — *Ni bo !*

Pendant que le commandant qui vient de terminer son discours s'entretient, à voix basse, avec le chef Biza, le fonctionnaire interprète chuchote à la foule le salut au commandant :

— Chut ! Chut ! Vous allez dire, à mon signal, Au re-voir, mon com-man-dant ! Allez !

La foule. — Alé-voilé (les uns disent encore : bo-ziou, mé-zié, les autres : ma-sié) ma co-mou-ton !

Le commandant *(au chef Biza).* — Oui, ils devraient tous aller à des cours du soir, au lieu de danser au tam-tam au clair de lune, pour apprendre à parler correctement le français comme tout le monde ! Au revoir !

Scène III

Au poste du district, les quatre chefs de canton, Biza, Samba-Ndongo, Samba-Pala et Mbongo, arborant l'écharpe tricolore, symbole de la souveraineté française, confrontent leurs points de vue sur l'impôt des 3 francs. Pendant qu'ils discutent devant le bureau du poste arrive le chef de district.

Biza. — On me dit toujours difficile, compliqué, têtu, irréductible, et je n'en ferais qu'au gré de mes sautes d'humeur ! Ainsi, cette affaire de 3 francs, au sujet de laquelle le commandant nous a fait venir, est, une fois de plus, une occasion pour moi de me mettre à l'épreuve, une épreuve dure ! Il suffit que l'administration coloniale pose mal un problème pour qu'on m'en impute l'échec ! Mais je voudrais que chacun de nous précise sa pensée à propos de la nouvelle taxe, qu'en pense Samba-Ndongo ?

Samba-Ndongo. — Eh bien, tu l'as presque dit, cette affaire m'embête un peu ! Seulement, il est bon que nous ayons une attitude commune, face au commandant qui se servirait de nos dissensions !

Samba-Pala. — Personnellement, j'ai déjà

sondé l'opinion de mon peuple : ces 3 francs-là vont faire parler ! C'est comme qui dirait une nouvelle machination de l'administration coloniale, afin de secouer le pays une fois encore, après les bœufs et les arachides ! Nous…

Biza *(intervenant).* — … et le scandale de l'Amicale !

Samba-Pala. — Oui, nous avons pourtant bien refusé d'accepter les arachides et les bœufs de l'administration. Toutefois, je me rallierai volontiers à l'opinion de la majorité ; elle seule se trompe moins.

Mbongo. — Vous devez comprendre ma position ; elle est des plus délicates : deux précédents que vient d'évoquer Samba-Pala m'ont déjà distingué ! Mais je ne savais pas que j'ai aidé l'administration coloniale à nous opposer les uns aux autres, pour qu'elle règne mieux ! Le chasseur est bien habile, qui abandonne d'abord un appât à l'air libre : la bête vient, goûte à l'appât sans risque ; puis elle s'en va… Le lendemain, le chasseur revient sur les lieux et tend un piège ; la pauvre bête…

Biza. — Personnellement, je ne me reconnais aucun droit d'influencer qui que ce soit, tout comme je protesterais énergiquement contre qui me conseillerait d'accepter la nouvelle charge fiscale, serait-ce sur injonction expresse de feu Tsina, mon père !

En disant cela, il frappe le sol avec ses deux mains : mbimba-nsi, serment irrévocable, sur l'honneur de feu Tsina, son père !

Samba-Ndongo. — Le commandant ne s'enfermerait-il dans son bureau que pour chercher à nous créer des situations fâcheuses et inextricables ? Que nous veut-il encore, après la tempête de l'affaire Matsoua ?

Samba-Pala. — On dit que c'est lui qui a apporté l'argent. Mais tout ce qu'il fait, démontre à suffisance si ce n'est pas à outrance, que c'est dans nos mains et sur notre sueur qu'il fait sa fortune ! Et on parle déjà d'une gigantesque campagne pour la récolte de caoutchouc ! Nos lendemains s'annoncent bien !

Mbongo. — Bien que je sois déjà cette pauvre bête prise au piège du chasseur, une fois de plus, je voudrais mettre à l'épreuve la bonne foi de l'administration coloniale. Si, les fameux 3 francs servent à constituer une espèce de caisse des avances aux commerçants ou aux agriculteurs, pourquoi n'en accepterions-nous pas le paiement ? J'y mettrais…

Biza *(intervenant).* — Eh ! Bien ! Que ton administration qui est suffisamment riche alimente elle-même ta caisse des avances !

Mbongo *(contrarié et indigné).* — Laisse-moi terminer et expliciter ma pensée ! Ce n'est ni mon administration ni ma caisse, comme tu me le fais dire ! Je disais donc que j'y mettrais, bien sûr, une condition : c'est de proposer à l'administration d'assurer nous-mêmes la gestion de ladite caisse.

Biza. — Mbongo, le jeu des contradictions te réussit peut-être, mais je ne serai pas naïf jusque-là. Si, pour l'administration, nous n'avions de respectables, que nos cheveux blancs, elle serait bien folle, de se prêter à un tel compromis ! En tout état de cause, chacun de nous est maître de sa décision, et adviendra…

Le commandant arrive et les quatre chefs le saluent par une courbette.

Le commandant. — Messieurs, je n'ai pas de discours à vous faire. Le chef de région a parlé à Kimpila, l'autre jour, avec une précision qui n'a laissé aucune place à l'équivoque. Je veux donc que chacun de vous me donne, de façon claire et nette, son sentiment sur l'institution de l'impôt supplémentaire de 3 francs. Qu'il me suffise, pour ma part, de préciser que la nouvelle taxe n'a aucun rapport avec l'impôt réglementaire de capitation dont l'objet ne vous échappe pas à savoir : rémunération des travailleurs et des auxiliaires de l'administration, érection et entretien des écoles et des hôpitaux, et *cætera,* et *cæteri…* Mais l'administration, soucieuse du bien-être de tous, voudrait être aussi au service de toutes les couches sociales de son territoire, celles notamment du secteur privé ou des particuliers. Alors, le recouvrement de la taxe de *3 francs* constituera une caisse qui pourrait s'appeler… euh… de prévoyance sociale. C'est clair. Ainsi, le fonds constitué servira à consentir des avances, sous garantie cela va de soi, à ceux des indigènes, particuliers ou groupes de petits commerçants, qui viendraient à en faire la demande. Je garantis que tout le monde, l'administration en tête, y trouvera son compte et son content ! Cela dit, je vous écoute, mais je précise que la taxe sera rigoureusement exigée de tous, le chef de région a insisté là-dessus, et qu'il ne saurait être question que l'administration revienne sur sa décision. Mais, en tant qu'auxiliaires, cette affaire est aussi la vôtre. Je vous écoute.

Biza. — Je voudrais, avant d'entrer dans le vif du sujet, exprimer un certain étonnement : tu nous honores grandement lorsque tu nous traites d'auxiliaires de l'administration. Or, jusqu'ici, notre rôle s'est pratiquement borné à collecter l'impôt, au nom de l'administration. Je tenais à le dire de suite, afin que tu ne sois pas étonné à ton tour, de la tournure que risque de prendre le débat. Je te demande donc de considérer le bien-fondé de cette remarque préalable ; mes trois collègues ne me démentiront pas.

Les trois autres Chefs. — Nous sommes du même avis.

Biza. — Commandant, excuse-moi cette franchise, mais comment peut-on collaborer autrement qu'à cœur ouvert ? Au sujet des fameux *3 francs*, je ferai noter, en passant, que je n'en parle encore qu'entre guillemets. Mais si je t'ai bien compris tout à l'heure, ce ne sont pas des propositions, encore moins des suggestions, sujettes à examen, que tu nous as présentées, mais bel et bien un fait accompli, un travail déjà entrepris sans consultation préalable des intéressés, c'est-à-dire nous et nos populations respectives ! Certes, le chef de région a parlé, l'autre jour (il a même très bien parlé), mais la réaction de Mayama n'est pour lui qu'un feu follet qu'il croit avoir éteint en exécutant ce qu'il appelle abusivement ses deux *moutons* ! La situation créée par l'impôt de *3 francs* est plus dramatique, dans le fond. Je l'ai dit : il n'y a rien qui fasse de nous les auxiliaires de l'administration tant que nous n'avons aucune voix au chapitre ! Je regrette ces termes peut-être quelque peu crus, mais la réalité de ce que nous vivons ou constatons ne m'autorise pas à parler autrement. Pourtant, à t'entendre parler, l'initiative de créer une caisse dite de *prévoyance sociale* n'est, à priori, nullement mauvaise, sinon qu'elle pèche par excès d'autorité, d'optimisme et par défaut de réalisme ! Car la question est celle-ci : quels sont ceux que la nouvelle taxe frappe ? La supporteront-ils ? Mais on veut bien rêver à des projets, même quand ils sont grandioses, sans tenir compte des obstacles qu'ils peuvent dresser dans leur cours de réalisation ! C'est à se demander si l'administration ne se plaît pas elle-même à provoquer la mauvaise humeur des indigènes ! Mais c'est Biza qui passe à ses yeux pour intraitable et irréductible ! Non ! Il est seulement temps que l'administration cesse de toujours penser à la place de l'indigène, cet éternel enfant qui ne grandit jamais ! J'en ai terminé, et je te remercie de m'avoir écouté jusqu'au bout !

Samba-Ndongo. — Je partage entièrement, les points de vue combien larges et pleins d'enseignements de mon collègue Biza, j'ajouterai même qu'avant la réunion qui nous groupe ici, il eût été souhaitable qu'une consultation générale se fît au niveau de l'administration et des chefs supérieurs de cantons, flanqués de leurs chefs de terres et de villages. Cela aurait constitué un premier stade de l'étude du dossier relatif à la nouvelle taxe. Se seraient réunis, en second lieu, pour compte-rendu, examen et suite à donner, les participants à la consultation générale et leurs administrés. Même de cette manière, je m'empresse de le dire, il y aurait eu très peu de chances que la taxe fût acceptée ! Car, le hic de la situation, c'est que le nouvel impôt, comme le premier, frappe tout le monde ! Or, tout le monde n'aura pas la possibilité de bénéficier des avantages qui peuvent en découler, tout le monde n'étant pas commerçant ou agriculteur !

Par contre, il aurait été établi, au préalable, des listes de commerçants et d'agriculteurs, lesquels seraient frappés par la nouvelle mesure, puisqu'ils en profiteraient seuls, en retour, par le truchement d'un système de prêts remboursables à tempérament. Bref, *mutatis mutandis*, de la confrontation générale des divers points de vue serait apparu un modus vivendi à la satisfaction de tout le monde — aux indigènes les premiers —, puisque l'administration veut leur bien ! Et l'administration n'aurait pas été obligée d'aller tuer les deux *moutons* de Mayama ! Mais il suffit que l'indigène, même à juste titre, réprouve un acte injuste du pouvoir colonial qui va à l'encontre de ses droits, et même de ses moyens, pour qu'on crie au scandale, à l'insoumission, au coup de tête ! L'administration crée souvent ses propres difficultés et des problèmes là où il ne devrait pas y en avoir ! Voilà pour ma part.

Samba-Pala. — Eh oui, tout cela est malheureusement exact, et tous ces propos sont d'une logique rigoureuse, irréfutable, et qui saute aux yeux ! Mais allez donc les faire admettre à ceux dont les préjugés sont autant de procès d'intention ! Et nous connaissons les pratiques courantes de l'administration coloniale, et nous savons d'ores et déjà qu'elle emploiera la force, et c'est d'avance sûr et certain que nous paierons lesdits 3 francs dans la contrainte ! Ne pouvoir se permettre de donner un point de vue dont on tient compte, où est la liberté ? Où est l'égalité ? Où est la fraternité ? Il y a de ces belles devises aux entêtes des papiers officiels ou sur les frontons des édifices publics en belles lettres dorées, mais mortes ! Je ne voudrais pas m'écarter du sujet brûlant du jour. Aussi dois-je m'arrêter ici, estimant que dans ma brièveté j'ai été suffisamment clair.

Mbongo. — Quant à moi, je suis mal parti dans ces diverses aventures coloniales, pour avoir déjà péché par excès et confiance en l'administration ! Il y a des faits et gestes que nous interprétons en fonction de nos états d'âme ! Ainsi, l'honnête homme admet et croit généralement que tout le monde est honnête : il juge les autres par rapport à lui-même. Mais les mauvais cœurs pensent toujours que les autres sont capables de leur jouer des farces ! J'ai déjà accepté les bœufs et les arachides, sans arrière-pensée aucune, comme j'accepterais de payer les *3 francs*, en toute bonne foi, estimant que nous tirerons quelques avantages sociaux, si maigre soit-il, de toutes ces sujétions coloniales. Mais, ce faisant, ne serais-je pas encore victime de ma bonne foi ?

Biza. — Ce sont les procédés de l'administration coloniale et ses comportements vis-à-vis de l'indigène que nous récusons. Je l'ai dit : pour elle, nous sommes, nous serons et nous resterons d'éternels grands enfants. Les lettrés de Tandala appellent d'un mot savant cette politique à retardement :

l'obscurantisme ! N'allez donc pas me chercher ailleurs les preuves de ce que j'avance ici, car les *moutons* de Mayama ne sont que les victimes innocentes de l'aveuglement colonial !

Nous ne sommes jamais consultés avant toute décision que l'administration juge utile, pour elle, de prendre, sans jamais compter avec ceux sur qui doit s'exercer cette décision ! À propos des impôts, puisque c'est le cas de le dire, je vais me permettre de relever trois aspects de la question qui me paraissent échapper totalement à l'administration, et que nos peuples redoutent fort : premièrement, le taux de l'impôt réglementaire de capitation, comme on dit coquettement, n'est jamais stable ; il bouge, il varie et monte d'année en année ! Deuxièmement, le taux de la nouvelle taxe, rien ne nous dit qu'il n'épouse pas, à la longue, les caprices de l'impôt de capitation ! Voilà, pour ma part, assez justifiées nos craintes, quant aux *3 francs*. Troisièmement, et enfin, quel est le niveau de vie de nos masses paysannes auxquelles on demande tant, et auxquelles on ne donne rien ?

Mbongo. — Le raisonnement est irréfutable. Malheureusement, l'administration le fera taire pour passer outre ! Voilà pourquoi, je resterais partisan d'une solution négociée du problème. Nous pourrions inviter l'administration à faire preuve de bon sens et de sentiments humains. Elle s'y doit, sinon la grandeur de la France…

Biza *(explosant).* — Tatatata ! *La grandeur de la France* ! Et puis quoi encore ? Mais la France existera toujours avec ou sans les *3 francs* ! Elle est immortelle même, pour ta gouverne ! La France ! La France ! Elle est sans doute belle, et bonne, et douce, et humaine, mais il y a la France et les Français, les Français de France, et les Français des colonies !

Mbongo *(indigné).* — Je n'ai voulu offenser personne ! Je m'efforce seulement d'être le plus compréhensif et le plus compréhensible possible, et cela me conduirait peut-être à saisir ce qu'il peut y avoir de vrai, de sincère, de faux ou d'hypocrite même dans les intentions de l'administration coloniale dans cette querelle, et…

Biza *(quelque peu apaisé).* — Non ! Frère Mbongo, attribue mon énervement momentané plutôt à mon tempérament qu'à autre chose ou, pour être plus précis, plutôt au fait que nous discutons d'une situation déjà créée, et je déplore le temps que nous y consacrons inutilement.
L'incendie de Mayama est trop répandu pour

vouloir le maîtriser encore ! Voilà pourquoi ta proposition de *solution négociée* est de la pure illusion. Je te l'apprends, le processus du recouvrement du nouvel impôt est déjà entamé dans d'autres régions où sévit présentement la contrainte. Je veux bien admettre que l'administration revient à des sentiments plus humains dans cette affaire, ce qui ne ferait qu'ajouter à la grandeur de la France dont tu as parlé tout à l'heure. Quoi qu'il en soit, tout revirement de situation à la normale ne ressusciterait pas les *moutons de* Mayama. Alors, ne nous laissons pas bercer par des mots ! *(S'adressant au commandant.)* Commandant, j'essaie de comprendre le souci de l'administration qui, sans doute, doit être sincère dans ses intentions, et voudrait réellement le bonheur de nos populations. Mais, ce qui ne manque pas de m'intriguer, pourquoi voudrait-on, en même temps, que ces mêmes populations se dépouillent complètement pour accéder à ce bonheur qui, pour elles, n'est peut-être pas encore pour demain ? Je suis franc, et ma franchise fera toujours mon malheur ! Tout au début de mon intervention, si je puis ainsi pompeusement m'exprimer, j'ai dit que j'ai cru te comprendre. Pour terminer, permets-moi encore une toute petite et gentille remarque. Pour une fois encore l'administration a commencé à bâtir sa maison par le toit, ce qui s'appelle, dans ton pays, *mettre la charrue devant les bœufs* ! L'erreur n'est pas seulement énorme, elle est grossière ! Enfin, et pour tout dire, l'administration coloniale et les indigènes se porteront bien sans les *3 francs*, et voici ma conviction : j'ai déjà fait deux fois le chemin du Tchad ; je le referais volontiers une troisième fois ! À bon entendeur, salut !

Le commandant. — J'ai pris acte de vos diverses positions dont je m'en vais rendre compte au chef de département. Je vous ai laissé plus que le temps nécessaire pour vous exprimer. Mais je dois vous rappeler que votre devoir n'était pas de venir engager une discussion, mais de recevoir des compléments de précisions que contenait ma déclaration d'ouverture. Si je vous ai donné la parole, j'attendais de vous que vous orientiez le débat vers les voies et moyens de recouvrement de la nouvelle taxe. Vous savez bien que l'administration, c'est là sa vertu première, ne se dédit pas. Elle commande, elle ne discute pas. Cependant, vos prises de position permettront à l'administration d'arrêter les mesures appropriées pour un recouvrement efficace de la taxe, et tous les moyens seront bons. Au revoir, messieurs !

Acte II

Scène I

Au village de Mbenseke où l'atmosphère est surchauffée, il y a beaucoup de monde réuni pour écouter Yulu. Celui-ci stigmatise la politique de Mbutafoco (Buttafoco), chef du département du Pool, chargé de l'exécution de la décision gouvernementale portant création de l'impôt de 3 francs.

Yulu. — Pères, mères et sœurs, et vous tous mes frères, écoutez-moi ! Notre vie devient impossible. Tout le monde le constate tous les jours. Nos villages se sont appauvris sous la main rapace des miliciens. Et voici que, pour comble de notre malheur, le gouvernement colonial vient de créer un nouvel impôt : chacun de nous devra payer 3 francs, en plus de l'impôt habituel ! Mbutafoco est chargé de faire appliquer la mesure. Il menace déjà comme un monstre : *vous paierez, gronde-t-il, ou vous en baverez et en crèverez !* Ainsi, nous voici taillables et corvéables à merci ! Que nous restera-t-il, en fin de compte ? De quelles ressources, au reste, disposons-nous, pour accepter et pouvoir supporter cette nouvelle charge ? La réaction de nos frères de Mayama ne s'est pas fait attendre. Pensez donc ! Qui serait assez lâche pour répondre à pareille servitude ?

Mais, selon l'usage consacré, je veux parler de l'emploi de la force, c'est par contrainte physique et morale, par des procédés arbitraires, c'est, vous dis-je, par le droit du plus fort, que messieurs les commandants, servilement secondés par leurs stupides valets, les miliciens, entendent nous faire acquitter de cette nouvelle obligation ! Eh bien, nous dirons : Non ! N, o, n, en majuscule, et souligné !

Applaudissements.

— Nous dirons donc : N o n !

La foule. — Nous dirons : Non ! N, o, n, en majuscule, et soulignéééé !

Yulu. — Oui, mais ce NON majuscule, ne vous y méprenez pas, nous coûtera cher, et même très cher !

La foule. – Que nous importe ! Nous dirons Non !

Yulu. — Oui, vous devez le savoir. Car pour triompher, il faudra nous obstiner, quoi qu'il arrive !

La foule. — Oui, quoi qu'il arrive !

Yulu. — Voici les procédés généralement employés pour réduire la volonté de nos frères : des miliciens sont envoyés, en foule, dans les villages qu'ils soumettent au pillage et saccagent avant de s'abattre sur les populations terrorisées. La menace de Mbutafoco devient une rengaine pour les miliciens : ou vous payez, ou c'est votre misère, votre mort ! Mais vous connaissez le caractère irréductible de nos frères. Alors, plus les miliciens les malmènent, plus ils ne réussissent qu'à mieux les entêter !

Applaudissements.

— La question est donc résolue : pas d'impôt de **_3 francs_** à payer au commandant !

La foule. — Non et Non ! C'est juré !

Yulu. — Devant leur cuisant échec, les miliciens deviennent des bourreaux, des tigres méchants. Alors, des villages entiers sont incendiés. Quel malheur !

Une femme de la foule. — Des hommes, des femmes, des enfants, des vieillards se trouvent tout à coup sans abri ! Les plantations sont dévastées, à seule fin d'infliger aux malheureuses victimes une punition de la faim ! Mais devant l'attitude, ô combien ferme, des uns et des autres, les miliciens, non contents des coups de crosse qu'ils administrent avec une brutalité sauvage, s'abattent sur les hommes, leur attachent de la paille autour du corps, et les livrent au supplice du feu, une fois les corps et la paille copieusement arrosés d'essence ! Les pauvres malheureux ne sont plus que des torches affolées sous le grésillement des flammes voraces. Quelle horreur ! Les mots ne me viennent pas pour vous décrire toutes les atrocités inimaginables !

Yulu. — Voilà notre situation du moment. Mais la seule vertu qui conduise à la victoire étant le courage, fléchir un seul instant serait notre anéantissement total. Unissons-nous, et notre solidarité doit être sans borne pour réagir énergiquement contre la volonté coloniale !

Applaudissements.

— Quant à l'exécution des *moutons de Mayama*,

Mbutafoco se trompe fort à notre endroit, s'il croit nous impressionner par ses méthodes machiavéliques. Car, une fois qu'on a les pieds dans l'eau craint-on encore. de se mouiller ? Voilà pourquoi notre parti est pris, parce qu'il est digne de nous.

Pères, mères, sœurs et vous tous, mes frères, voici venus les temps durs et chauds dont parlaient nos ancêtres. Mais encore une fois, la victoire n'appartiendra qu'aux braves. Notre salut est donc dans notre courage. *A bu !*

La foule. — *Pia !*

Scène II

Le chef de district téléphone. Les points de suspension signifient les silences d'écoute.

Le chef de District. — Allô ! Kinkala ? *(Prononcer Kin-kala)* Allô ! Kinkala ! Ici, Boko ! Allô ! Le chef de district. Veuillez me passer le chef de département… Oui, urgence signalée !

Il raccroche et continue à rédiger son rapport, mais le téléphone sonne presque aussitôt après.

— Allô ! Oui, Kin-kala ? Ah ! bonjour, monsieur le chef du département du Pool ! Oui, personnellement et physiquement, je me porte bien, à merveille même. Il y a du soleil dehors et, du bas-fond de la petite rivière Ntombokolo, me parviennent le courlis des coucous et le roucoulement des tourterelles, ainsi que le ramage des oiseaux gendarmes. Les indigènes défilent indolemment devant mon bureau, avec ce je ne sais quoi de paisible qui les caractérise. Bref, l'heure n'est pas aux descriptions sentimentales, car l'objet même de mon appel téléphonique est plus sérieux, voire très grave… Ah oui !… Et le fait même que contrairement aux usages administratifs, je me permets d'utiliser le téléphone pour la circonstance doit vous faire deviner… Pardon ? Oui, la nature et la gravité de la circonstance… Oui, voici : il s'est produit, la nuit dernière, des échauffourées entre trois de mes miliciens et les habitants d'une petite localité située à environ une trentaine de kilomètres du poste, et qui a nom Bisudi, mais que les indigènes appellent plus couramment Beseke… S'il vous plaît ? Oui, Beseke ! Eh bien ! Affaire relative aux *3 francs* ! Oui, *3 francs* !… Co… comment ? Oui, refus catégorique, et… Oui, et les saligauds de Beseke n'y sont pas allés par quatre chemins ni… de main morte ! Oui, ils se sont permis de cogner sur mes malheureux émissaires qui se sont présentés, au lever du jour, au bureau du poste, tout défaits et tout confits, l'uniforme en lambeaux, les yeux tuméfiés, l'arme et la chéchia arrachées ! Pardon ? Oui, ils doivent leur survie encore à la faveur de la nuit qui leur a permis de fuir, mais leur état est des plus alarmants ! S'il vous plaît ? Hélas, oui ! Aussi, ai-je décidé leur évacuation sanitaire sur Kin-kala où ils arriveront en fin de matinée. Comment ? Mais mon rapport circonstancié suivra avec plus amples détails et précisions… Oui, c'est pour vous demander, d'ici-là, une intervention immédiate de Brazzaville sous la forme d'un renfort de ma maigre milice… Oui, oui, mais je crains qu'il ne soit déjà trop tard… Oui, à la suite d'une petite enquête rapidement menée, je suis en possession de l'identité du boute-en-train des insurgés, un soi-disant ex-tirailleur réformé, un certain Yuli ou Yulo ! Allô ! Al… lô ! Vous m'entendez, oui ? D'accord… Eh bien, les toutes premières mesures, à mon niveau, ont consisté, dés le point du jour, à faire mettre un cordon tout autour du petit village de Bisudi, euh… je veux dire Beseke, aux fins de parer à toute éventualité, quoique la carence en nombre de mes gardes ne permette pas de le boucler complètement. A… allô ! Oh ! Oui, les fuites sont à craindre… Ah ! Oui, c'est même une certitude, du côté du Congo belge surtout… S'il vous plaît ? Ah ! Oui, oui ! Mais croyez-vous que Brazzaville comprendra l'urgence et la gravité de la situation, et agira conséquemment ? D'accord ! Je suis dans l'attente du renfort, et merci infiniment !… À vos ordres ! Au revoir !

Il raccroche, mais reprend vite le téléphone.

— A… al… allô ! *(Mais le téléphone ne répond plus)* Ah ça ! Les saligauds me le paieront cher !!!

Scène III

Yulu et son père Nganga. Le villageois Makola, ami de Nganga.

Nganga. — Mon fils, ton acte de bravoure risque de te coûter la vie, et tu sais que je ne saurais supporter quoi qui puisse t'arriver. Tout autre père que moi se trouverait dans la même situation. Alors, éloigne-toi de Mbenseke ! Tu nous y retrouveras un jour à venir. Tu as porté la main sur les miliciens, cela signifie que tu as offensé le chef blanc lui-même. En agissant de la sorte, tu as directement porté atteinte à sa personne, à son autorité. Or, tu le sais, le commandant est le dieu du moment. Eloigne-toi donc de Mbenseke, je t'en conjure !

Yulu. — Père, tu me demandes là une chose impossible. On ne saurait attribuer au hasard ce que j'ai fait, ni à une impulsion nerveuse primesautière. Il fallait bien qu'un jour prenne fin la situation intolérable dans laquelle nous vivons ! Mon comportement à l'égard des émissaires du commandant est un acte délibéré qui engage ouvertement et fait exploser une lutte qui couvait depuis longtemps…

Nganga. — Je sais, je sais, mon fils. Je suis loin de te désapprouver, mais je tiens à ta vie, comme tout père, je l'ai dit. Comprends-moi donc !

Yulu. — Que m'importe encore de vivre quand le moral est détruit ! On tient à la vie lorsqu'on n'est pas esclave, lorsqu'on goûte, sans condition, aux délices de la Liberté, Liberté avec un L majuscule, parce que la Liberté est sacrée, et qu'il n'est donné à personne, fût-il le commandant, d'aliéner celle des autres !

Nganga. — Certes. Mais c'est le cœur d'un père qui te parle. Tu oublies sans doute qu'en moi habitent trois hommes : l'humble villageois de Mbenseke, l'heureux père jusqu'à présent et, maintenant, le conjuré des fameux 3 francs ! L'homme de Mbenseke et le conjuré applaudissent à ta bravoure. J'admets qu'on risque sa vie, si le risque peut apporter le salut à tout un peuple opprimé.

Mais le cœur d'un père est trop jaloux de la vie de ses enfants pour ne pas s'émouvoir d'un péril imminent qui les guette et les menace. Oui, le danger est au seuil de ma maison ! Tu as joué ta vie et tu l'as perdue ! Cependant, il n'est pas trop tard, et tu peux encore la conserver en quittant Mbenseke !

Yulu. — Qui te dit, père, que la tienne soit moins en danger ?

Nganga. — N'ai-je pas assez vécu ?

Yulu. — C'est afin que personne ne risque rien que je ne bougerai pas d'ici, car à l'idée que, derrière et loin de moi, on torture les miens, à cause de moi, je ne saurais me dérober. Pardonne-moi, père, de te tenir tête. Je ne te désobéis pas. Mais l'ardeur qui m'anime est plus forte que moi !
Mieux vaut infiniment mourir jeune et abréger une vie honorable que de vouloir ménager pour longtemps des jours chargés de lâcheté, et traîner une existence malheureuse !

Nganga. — Mon fils, en d'autres circonstances, il est beau de braver la mort, de la voir venir et de la regarder en face. Mais autre doit être le raisonnement aujourd'hui. Je ne t'apprends pas à être lâche si je te demande de te retirer pour un temps. C'est une question de simple précaution, car notre village a le devoir maintenant de te ménager, ton courage te plaçant désormais à notre tête.

Mais la vie cesse si la tête est coupée !

Makola *(qui arrive sur ses entrefaites).* — Si je puis deviner juste, vous vous entretenez, père et fils, des jours que nous aurons à connaître bientôt ?

Nganga. — Hélas, oui !

Makola. — C'est fort à propos. J'en sais déjà long sur nos prochains malheurs : les autorités supérieures coloniales ont été saisies du drame de notre village. Des détachements de miliciens sont déjà en route et viennent ratisser la région pour des représailles générales, mais surtout dans le but principal d'arrêter le meneur, et donc notre fils que voici ! Les miliciens sont porteurs d'un ordre catégorique : mettre, par tous les moyens, n'importe lesquels, la main sur le coupable, l'instigateur qui devra être châtié avec la dernière des rigueurs ! Je crois savoir aussi que, pris de panique, tous nos frères des environs ont déserté les villages. Je viens donc pour qu'ensemble nous arrêtions un plan des dispositions qu'il nous faut prendre. Mais dépêchons-nous !

Nganga. — À cela je te reconnais mon ami de toujours. Eh bien, depuis un moment je supplie notre fils d'aller, pour un laps de temps, vivre ailleurs et loin de Mbenseke, jusqu'au retour des beaux jours, si beaux jours nous aurons encore à vivre ! Il ne veut rien savoir, rien entendre ! Tu vois mon espoir…

Makola. — Entêtement fatal ! Mauvais calcul ! Écoute-nous, fils : en t'obstinant aveuglément à demeurer ici, nous sommes convaincus du pire, et l'action amorcée se trouverait totalement compromise ! Tu ne peux pas ne pas comprendre cela ?

Yulu. — Je vous comprends bien l'un et l'autre, mais ne puis suivre votre conseil. Désobéissance ?
Non pas. Encore moins bravade ou témérité. Mais j'ai horreur d'un mot : fuir ! Je ne veux pas être lâche. Comment pourrais-je faire autrement ? J'ai engagé une action qui ne me permet plus de reculer, une action que je dois mener jusqu'où il me sera permis d'aller, sachant parfaitement bien

que je m'expose à tous les périls et risques. En m'attaquant aux miliciens, je n'ai pas seulement bravé et bafoué l'autorité du Blanc, j'ai aussi exposé vos vies. Or, voici que les premières conséquences nous serrent et nous pressent de toutes parts. Alors, est-ce le moment de fuir ?

Rappelez-vous ce que j'ai dit aux pères, mères, frères et sœurs du village ? Qui donc les sauvera de la menace si je dois maintenant fuir ? Qui connaissez-vous, jette le manche après la cognée ? J'ai déjà entamé le tronc d'un arbre géant, j'entends que celui-ci s'écroule ou m'écrase dans sa chute.

Makola. — Entendons-nous, fils. Nous voulons seulement te ménager pour les combats futurs qui, ne nous leurrons pas, seront très durs, et peut-être même au-dessus de notre volonté, de notre détermination, de nos forces et de nos moyens. C'est toute notre existence mise en condition, et la lutte ne fait que commencer ! Oui, ce n'est encore que le commencement d'une grande aventure dont les dieux seuls savent quelles en seront la durée et l'issue. Alors, choisis : ou tu t'exposes, et nous sommes tous perdus ; ou tu recules, comme pour mieux sauter, et nous pourrons nous permettre d'entretenir en nous quelques secrètes lueurs d'espoir de lendemains victorieux et meilleurs. C'est tout clair.

Nganga. — J'ajoute : imagine un moment que la maison où tu te trouves avec tes enfants prenne feu tout à coup, que feras-tu, puisqu'il te faut, à la fois, sauver la vie des enfants et éteindre l'incendie ?

Yulu *(mi-pensif, mi-rêveur)*. — Oui, le commencement d'une grande aventure dont nous ne pouvons ni mesurer la durée, ni prévoir la fin ! Impuissance de l'homme qui avance sur le chemin de la vie, tel un aveugle ! Mais le courage est la plus sûre, la plus forte des armes.

Quand il en a un tantinet, alors l'homme se forge et s'impose son propre destin ! *(sortant de sa rêverie)* : D'ici que le soleil n'atteigne son zénith, je vous dirai à quoi je m'en tiens !

Nganga *(à part)*. — J'ose espérer que le bon sens, sous l'aiguillon de la prudence, lui dictera une sage décision !

Acte III

Шаля

Scène I

Yulu *(seul)*. — Je brise une gangue d'oppression, je cause un drame familial ! J'offre ma vie pour racheter un peuple brimé, je condamne mon père à en payer la rançon ! Mon malheur est dans mon impuissance à me dédoubler, pour conserver une part de ma personne à mon père, en compensation de ma perte, et offrir l'autre part en holocauste pour le salut de mes frères !

Illusion ! Oui, illusion ! Car ma seule force morale doit faire face à un ennemi qui a sur moi l'avantage de la puissance matérielle si j'ai sur lui celui du courage ! Le commandant a armé ses émissaires jusqu'aux dents, et tout un peuple jadis, maître et fier de lui, tremble aujourd'hui de terreur ! Oui, père, ton cœur a mille raisons de se troubler… Tandis que je ne vois qu'une situation intolérable à combattre, l'épée de Damoclès suspendue au-dessus de ma tête cause tes tourments ! Mais que dois-je faire ? Écouter la voix paternelle, ou suivre celle de l'engagement au combat ? L'une est aussi sacrée que l'autre ! Ô alternative impossible !

Ah ! Père Makola, tu as cru libérer ma conscience en venant la brouiller par tes prophéties contradictoires ! Tu as dit *(parodiant sur un ton déclamatoire)* : c'est un drame dont on connaît le début, mais dont seuls les dieux savent en combien d'actes il se jouera, et quel en sera le dénouement ! Et tu crois m'avoir guéri ! Bien au contraire. Mais je ne t'en veux pas. Pas plus qu'à mon père, puisque l'un comme l'autre vous me laissez le choix : si je brave le commandant, la cause est d'avance perdue, dites-vous, et moi, je vous réponds : tout sera perdu, certes, sauf l'honneur de notre peuple ! Mais en me dérobant, selon votre conseil, la lutte pourra se poursuivre en autant d'épisodes que de répétitions d'un jeu de cache-cache ! *(Yulu, radieux)* Ah ! Mais oui ! Le jeu de cache-cache ! Je dois jouer le jeu de cache-cache ! *(Yulu, sombre)* Oui, sans doute, mais entre-temps, il faudra une présence au village, un meneur de la lutte pour en assurer la continuité, et en garantir le succès ! Mon absence serait donc préjudiciable à mes frères… Alors, point de jeu de cache-cache qui, somme toute, serait une forme de lâcheté !

(Yulu, décisif.) Je reste donc, et ne bougerai pas d'un pouce, quoi qu'on dise, quoi qu'il puisse m'arriver ! C'est décidé, mon parti est pris, et mon père doit le savoir à l'instant !

Scène II

Yulu — Nganga — Makola — Malanda.

Yulu. — Père, j'ai pris ma résolution : je ne bouge pas d'ici, coûte que coûte !

Nganga. — Mon fils, mais quelle folie ! Les oreilles dépasseraient maintenant la tête ?

Yulu. — Non, mais pourquoi fuir notre propre village ? Ma vie n'aurait plus aucun sens. Fuir un danger, lorsqu'il menace tout un peuple, fuir une maison sous les flammes dévastatrices d'un incendie au lieu de les maîtriser ? La mort est infiniment plus souhaitable, et je cours à sa rencontre !

Makola. — Fils, le feu du devoir qui te consume est certes, sacré, mais considère…

Malanda *(qui fait irruption)*. — Frère, tu ne devrais plus être ici en ce moment ! Ta vie est plus menacée que la nôtre. Toute une légion de miliciens marche sur Mbenseke, et c'est ta tête qui est mise à prix !

Yulu. — Que m'importe !

Malanda. — Non, grand frère, il nous importe ! Les miliciens sont des sans-cœur qui exécutent aveuglément tous les ordres qu'ils reçoivent de leur commandant, et…

Yulu. — Des miliciens je me moque ! Ils ne me font pas peur. Pas le moins du monde. Qu'ils viennent donc ! Je les attends de pied ferme ! J'ai le sentiment net de n'être plus qu'un vase d'argile contre un pot de fer, mais je veux me briser contre eux ! Oui, me briser contre eux ! Ce sera, au moins, quelque chose. Car, enfin, il ne viendrait à l'idée de personne d'abandonner sa propre maison, sa propre famille, son propre village, son propre pays, devant quelques individus manœuvrés par un intrus étranger ! Je le dis net : nous sommes ici chez nous ! Oui, chez nous, et qu'on nous fiche la paix ! *(Yulu, enragé)* : Oui ! Qu'ils viennent ! Qu'ils soient cent, qu'ils soient mille ou qu'ils soient un million, je les recevrai de ma plus belle façon ! Considérez que je suis déjà mort, mais, au moins, ils auront payé cher leur victoire. Qu'ils viennent donc !

Malanda. — Non, grand frère, il ne faudrait pas que ton courage t'aveugle au point de t'égarer ! Un tel courage n'est qu'égoïsme. Si ton honneur doit passer avant toute autre chose, il ne doit pas te faire oublier le sort de nos frères que ta brusque disparition mettrait hors d'abri de toute atteinte.

Écoute et retiens une chose : en courant te jeter au-devant des miliciens pour les braver, tu vas, certes, leur livrer un combat héroïque, mais le seul, et tu n'iras pas plus loin, ce qui veut dire que l'action engagée s'arrêtera là. Alors, à quoi bon soutenir une cause sans espérance ? Nous devons donc continuer la lutte, quelle qu'en soit la fin.

Mais, triomphera, en définitive, celui-là qui saura user de tactique. Ainsi, ce qui t'est demandé, c'est de te replier pour un temps, et mener contre l'ennemi un combat d'usure. Les plus belles victoires se gagnent souvent à distance, loin du champ de bataille. Alors, fais de moi ton fondé de pouvoir assermenté pour veiller sur le village en ton absence. Notre père et l'oncle Makola soient témoins. Je prends l'engagement solennel d'assurer, à ta place, la sécurité de nos vies !

Yulu. — Tu ne t'exposerais pas moins que moi !

Malanda. — J'ai un avantage sur toi : mon anonymat ! Or, les miliciens sont lancés à tes trousses, et non contre quelqu'un d'autre. Les mauvais traitements des miliciens aux fins de nous obliger à te dénoncer n'épargneront, certes, personne, mais personne d'autre que toi ne court le risque de la sanction capitale. Nous nous tairons ! Alors, grand frère, je te conjure de prendre le chemin de la sagesse.

Nganga. — Fils, écoute la voix de ton cadet. Il saura valablement te représenter en ton absence, car ayant le même sang, vous êtes de la même trempe, et sa présence parmi nous remontera efficacement notre moral. Le plus que risque ton cadet, c'est quelques mois de prison, mais il n'en mourra pas.

Malanda. — En ton nom, à celui de notre père, à celui de tout notre village, de tous nos frères, je suis prêt à faire de la prison, et ce, d'autant plus courageusement que dans cette bataille chacun de nous doit apporter sa contribution. Qui plus est, n'es-tu pas mon autre moi ? Alors, s'il me faut aller jusqu'au sacrifice suprême, j'irai sans broncher !

Yulu. — Quoi qu'il en soit, tout cela ne saurait ni me consoler ni me réduire à renoncer au combat. De toi ou de moi, d'une manière ou d'une autre, le danger n'est point conjuré, et j'ai fait le serment sacré et inviolable de marcher à la tête des habitants du village. Pour peu que je cède à vos exhortations, je me serais trahi, et j'aurais été lâche ! Mais j'insiste, et comprenez-moi bien : je ne veux ni me trahir, ni être lâche, à aucun prix ! Pourquoi hésiter encore, lors même que l'action est ouvertement déclenchée.

Makola. — Mais ton serment demeure intact, et nous te parlons ici au nom du peuple devant qui tu l'as fait. Nous avons tous trop conscience de la situation pour ne pas comprendre ce que tu risques.

Alors, il nous faut trouver le moyen de la tourner à notre avantage. Car, pour que nous triomphions, faut-il donc que tu meures ? Le repli momentané que nous te conseillons n'est qu'une astuce, et prendre des mesures de précaution pour dérouter un ennemi ne signifie pas être lâche.

Nganga. — Le temps presse et passe, mon fils. Décide-toi. Le soleil à l'horizon décline. La nuit approche, qui ne nous apporte certainement pas une caution pour demain !

Yulu. — Oui, père ! Mais, demain, ce peut être encore loin, comme ce peut être tout à l'heure, et rien n'est plus difficile à enfanter, en pareille circonstance, qu'une décision brutale. Elle provoque toutes les douleurs et tous les déchirements d'un accouchement ! *(Sur un ton rêveur)* Demain… Demain… *(Sur un ton résolu)* Je m'en remets au conseil de la nuit !

Nganga *(à part, et sur le ton d'une incantation).* — Je rends d'avance grâce aux mânes de nos pères de l'assister au cours de cette nuit qui s'annonce particulière !

Scène III

Malanda *(seul, sur un ton méditatif).* — La nuit tombe sur le village qu'elle enveloppe de son voile noir, couleur de deuil ! *(La lumière décroît sur la scène.)* Les feux des foyers se sont éteints. Les portes des maisons sont closes. C'est partout le silence : les hommes et les femmes ont déserté leurs toits qui ont, cette nuit, tous les aspects de la mélancolie. Cette nuit n'est pas comme les nuits d'antan, toutes paisibles ; c'est la nuit du *qui-vive* ! Les hommes et les femmes ont couru se terrer dans les forêts voisines, et disputer leurs tanières aux renards !

C'est une nuit de veille. Seuls les enfants dorment, leurs petits poings fermés, et rêvent aux anges, à califourchon sur le dos de leurs mères ou dans leur giron. C'est une nuit grave et terrible ; elle est plus noire que les nuits d'antan qu'égayaient des cris de joie et des crépitements de tam-tams rythmant les pas de danse sous l'éclat lunaire.

Cette nuit, les hommes et les femmes résistent au sommeil. Seuls les enfants dorment, leurs petits poings fermés, et rêvent aux anges, à califourchon sur le dos de leurs mères, ou dans leur giron.

Cette nuit est longue. Elle est angoissante. Elle est bruissante de terreur. Seuls les enfants dorment, leurs petits poings fermés, et rêvent aux anges, à califourchon sur le dos de leurs mères, ou dans leur giron. Cette nuit, quelqu'un ne veille pas seulement, pour qui elle n'est pas longue, pour qui elle est sans bruit, pour qui elle n'est pas comme les nuits d'antan, pour qui elle est trop courte.

Cette nuit, c'est la nuit de mon frère, et si elle était sans fin, il dormirait comme les enfants, les poings fermés, et rêverait aux anges, comme au cours des nuits paisibles d'antan. Mais au bout de cette nuit s'annonce une aube redoutable *(ici, Malanda entend les premiers chants de coqs annonçant le lever du jour).*

Les coqs chantent déjà ! Le jour va se lever ! Les coqs l'annoncent ainsi aux hommes depuis la première aube du monde. C'est leur façon de saluer tout jour nouveau !

Une faible lueur sur la scène, et Malanda lève les bras en V, pour saluer lui aussi, le jour naissant :

— Salut ! Ô Soleil ! Toi qui viens tous les

matins nous délivrer des angoisses de la nuit ! Ce jour que tu vas faire éclore n'est pas un jour comme les autres. Donne-lui plus d'éclat que jamais, afin qu'il indique à mon frère le chemin de son terrible choix !

Scène IV

À l'aube. Un groupe de réfugiés dans la forêt. Un bébé pleure. Quelqu'un craque une allumette pour allumer sa pipe. Un autre ne peut résister aux quintes d'une toux qui l'étouffe. Silence. Un dialogue à mi-voix. Un crieur.

Un réfugié. — Enfin, le jour va pouvoir se lever !

Tous les autres réfugiés. — Chut !

Petit silence bientôt troublé par les pleurs d'un bébé.

La voix mi-étouffée d'un réfugié. — Hé là ! Hé là ! Chut ! Fais taire l'enfant ! Donne-lui la mamelle ! Sinon on va être pris ! Ils patrouillent partout !

La mère de l'enfant. — Su su su ! Su su su !

L'enfant se tait. Un réfugié craque une allumette pour fumer sa pipe. Scandale !

Tous les Réfugiés. — Éteins ton feu ! Éteins ton feu ! Tu ne peux donc pas te passer de ta pipe ! En tout cas, c'est bien le moment de te griser benoîtement de drogue tabachique ! Ne sais-tu pas que l'âcre odeur de tabac va s'éparpiller aux quatre vents ? Jette ta pipe, oiseau de mauvais augure !

Pour une meilleure interprétation, chaque phrase doit être dite tour à tour par un seul réfugié.

Un autre réfugié *(en lutte avec des quintes de toux)***.** — Koso ! Koso ! Koso ! Ko…

Tous les autres réfugiés. — Malheur ! Qu'est-ce qui te prend ? Tais-toi donc !

Un autre *(éternuant)***.** — Aaatchoum !

Tous les réfugiés. — Souhaits de malédiction !

Tout est rentré dans l'ordre. Silence. Deux réfugiés s'entretiennent, à voix basse, mais de telle sorte, que les spectateurs puissent suivre le dialogue :

1 — Que penses-tu *qu'ils* vont faire de *lui* ?
2 — *Ils*, qui ? Et *lui*, qui ?
1 — Les miliciens, et leur ennemi, tiens !
2 — Tu n'y es pas ! Il a déjà traversé le fleuve et, à l'heure qu'il est, il doit se trouver de l'autre côté, au Congo belge ! Va lui courir après à présent !

1 — Ah ça, alors ! Pas bête, le gars ! Il a donc eu le temps de leur échapper ? Mais, es-tu bien sûr ?

2 — Aussi sûr que je te vois à peine dans la pénombre de la forêt. Du reste, pourquoi avons-nous fui le village ? N'est-ce pas parce que les miliciens sont arrivés avec la nuit tombante, pour enlever lâchement le brave gars ?

1 — Oui. Mais qui est-ce, alors, qu'ils aient pris à sa place ?

2 — Chut ! Ne cherche pas à comprendre. Cela doit rester secret jusqu'au dénouement de la crise ! On rigolera ! La tête du Nègre n'est pas aussi bête qu'elle est noire !

1 — Mais pourquoi donc cela doit-il rester secret ?

2 — Ne sois pas naïf ! Car, si les miliciens apprenaient maintenant que ce n'est pas le vrai coupable qu'ils ont arrêté, mais un innocent, eh bien, ils vont continuer les recherches jusqu'à ce

qu'ils mettent la main, sur le vrai ! Ce n'est pas assez clair ? Tu ne comprends donc pas ? Alors, c'en est fait de nous, et nous n'aurons plus qu'à moisir ici !

1 — Ah ça, alors ! Mais, même l'autre, crois-tu qu'ils vont le relâcher impunément ?

Je crains qu'ils ne lui fassent payer à la place de l'autre, et…

2 — Je ne suis pas certain, car le moment venu, cet autre pourra parler, mais d'ici là, Yulu…

1 — Chut ! Tu as dit son nom !

2 — Misère ! Je suis distrait ! Oui, je disais que d'ici là Malanda…

1 — Chut ! Mais, finalement, tu vas tout dévoiler !

2 — Bonté ancestrale ! D'où me vient, que je perde le contrôle de ma langue ! Oui, je disais que d'ici là, l'autre aurait fait du chemin, et il sera bien trop tard pour le rattraper !

Quelqu'un crie de loin.

. — Hou… bi ! Hou… bi ! Hou… bi !

Un réfugié. — Wa ! Qu'est-ce que c'est ? Vous avez entendu ?

Les autres réfugiés. — Quoi donc ?

Le réfugié. — Écoutez !

Le crieur. — Hou… bi ! Hou… bi !

Les réfugiés. — Wa ! Wa !

Le crieur. — Sortez de vos retraites ! Hou… bi ! Les miliciens s'en sont allés !

Un réfugié. — C'est bien une voix !

Le crieur. — Hou… bi ! Sortez de vos retraites ! Les miliciens s'en sont allés !

Un réfugié. — Oui, c'est bien une voix qui nous invite à rentrer au village !

Un autre. — La vie reprend son cours normal ! Les miliciens sont repartis !

Un autre. — N'est-ce pas un piège qu'on nous tend ?

Un autre. — On ne sait jamais ! Tout est à redouter à présent !

Un autre. — Peut-être pas. Écoutons !

Tandis que les réfugiés discutent, la voix du crieur qui s'approche devient de plus en plus nette :

Le crieur. — Hou… bi ! Reconnaissez la voix qui vous appelle ! Sortez de vos refuges. Les miliciens s'en sont allés ! Leur siège est levé !

Un réfugié. — Mais oui ! C'est la voix de Mabiala ! Je la reconnais !

Le crieur. — Oui, sortez de vos refuges !

Un réfugié. — C'est une supercherie !

Un autre. — Non, Mabiala n'est pas un traître, et puisque les miliciens croient avoir arrêté le vrai coupable, il n'y a plus de raison qu'ils prolongent leur siège !

Un autre. — Et puisque, aussi, ils ont mangé tout le bétail et toute la volaille, il faut bien qu'ils continuent vers d'autres villages non encore soumis, non encore pillés !

Tous. — Chut ! Il avance !

Un réfugié à un autre. — Toi qui es fort,

arme-toi d'un gourdin, pour l'assommer, au cas d'une tromperie !

Mais à la vue de Mabiala, tout le monde pousse un soupir d'aise.

Tous. — Ahaaa !

Le crieur. — Mais oui, le siège est levé ! Les villages se raniment depuis le lever du jour ! La longue nuit pathétique n'est plus qu'un souvenir amer !

Les réfugiés. — Rentrons au village suivre le cours des évènements, et voir de quoi demain sera fait !

Scène V

Les villageois de Mbenseke (sans Yulu et Malanda).

Un villageois. — En... fin, l'ouragan est passé ! À nous de nouveau les beaux jours ! Ah ! Les vaches ! Des moins que rien qui nous font trembler ! Et chez nous-mêmes !

Un autre villageois. — Moi, je ne me réjouis pas pour autant, car, si notre fils a écouté nos sages conseils, en s'éloignant de Mbenseke pour échapper aux miliciens, son jeune frère a été pris à la place, et il est parti avec eux ! Alors, pour moi, le problème reste le même entièrement. Nous sommes tombés dans le même mal que nous avons voulu éviter ! Nous sauvons la vie du grand frère, mais nous livrons celle du cadet ! On ne tombe pas autrement de *Charybde* en *Scylla* !

Un autre. — Oh ! Peut-être pas. Car le moment

venu, le jeune homme, face au commandant, parlera pour prouver son innocence. Alors, le tour aura été bien joué ! Et il sera bien trop tard pour le commandant comme pour ses valets de mettre la main sur le coupable !

Éclats de rire.

Makola. — Très bien. Mais je conjure instamment chacun de nous, hommes, femmes et enfants, de laisser planer l'équivoque aussi longtemps qu'il le faudra, et ce, pour notre salut à tous ! *(Acquiescement général.)* Il faut également noter que dans la situation actuelle qui est la nôtre, nous ne sommes pas encore au bout des surprises désagréables, pour peu que le jeune Malanda perde le contrôle de lui-même devant toutes sortes de menaces, de bluffs, d'atrocités imaginables et inimaginables dont il pourra éventuellement être l'objet de la part du commandant et de ses miliciens. D'où, tout de même, quelque appréhension.

Nganga. — Malanda n'accusera pas son frère. Je connais mes enfants. Ainsi, me voici victime de mes propres calculs ; je sauve la vie du grand frère, je mets celle du cadet en danger ! De quoi demain sera-t-il fait ?

D'une manière ou d'une autre, le malheur plane au-dessus de ma tête.

Un villageois. — Mais ton malheur est aussi le nôtre, et nous sommes ici pour le partager. J'ajoute aussi que, les choses étant ce qu'elles sont maintenant, quels que soient les événements qui menacent nos tout prochains jours, il ne saurait plus être question d'aller encore nous tapir en forêt. L'arrestation du jeune homme par les miliciens doit nous enhardir, et sa condition actuelle devrait être celle de chacun de nous.

Pendant que se concertent ainsi les villageois arrive quelqu'un d'un village voisin, tout à fait hors de lui.

Le nouveau venu. — Bonjour, mes frères ! Je ne voudrais pas interrompre votre assemblée. Mais il y a quelque chose de très alarmant, depuis le lever du jour : le chef de la colonie des miliciens est mort !

Des sursauts accueillent la nouvelle.

Quelqu'un crie. — Ça y est ! Il nous fera payer sa mort ! Ah ! Nos pauvres enfants ! Connaîtront-ils les temps paisibles qu'ont vécu nos pères ?

Makola *(à celui qui a rapporté la nouvelle).* — As-tu des détails sur les circonstances du moment, du lieu et de la cause de la mort ?

Le rapporteur de la nouvelle. — C'est, ai-je dit, au lever du jour, sur le plateau de Manghembo où, à ce qu'il paraît, les miliciens ont établi une zone opérationnelle, suivant leur programme d'évacuation de la région. Quant aux circonstances de la mort, il est dit que les miliciens marchaient en file indienne lorsque, soudain, le fusil de l'un d'entre eux a lâché, on ne sait comment ! Le coup a frappé le chef de file, un sergent, causant sa mort sur-le-champ !

Quelqu'un d'autre crie. — Malheur ! On nous imputera cette mort et je me vois bien vivant encore demain !

Makola. — En quoi cela nous concerne-t-il ? Il est seulement regrettable que tous leurs fusils n'aient pas lâché à la fois ! Nous valons bien plus qu'un milicien et nous aurions été bien vengés !

Éclats de rire.

Nganga. — Il me semble, que c'est là un signe avant-coureur de la vengeance de nos ancêtres, et la preuve aussi que ce pays est bien le nôtre, et que nous en sommes les maîtres incontestés et incontestables.

Makola. — Eh ! bien ! Que chacun de nous, sur cette bonne nouvelle, rentre chez soi suivre le cours des événements, car le soleil se couche et se lève toujours, et tout chemine vers quelque but !

Acte IV

Scène I

Le chef Biza. Le commandant. Un commis de bureau. Un milicien. La population du poste de district. Biza entre dans le bureau du commandant, où se trouve seul le commis.

Le commis *(se lève et salue)*. — Bien à toi, chef !

Biza. — Bien, mon petit ! Mais je vois que ton chef blanc n'est pas encore là ?

Le commis. — Non, il n'est jamais là avant 10 heures.

Biza. — Et que fait-il donc pendant tout ce temps-là ?

Le commis. — Ah ! Ça, chef, je ne sais pas trop. Mais je peux dire que tous les matins il n'est jamais levé de son lit avant 9 heures. Et puis, des fois, il ne vient pas du tout, ou, s'il vient, il repart presque aussitôt après, tout juste le temps de parcourir son courrier, bien que très souvent il l'emmène lire chez lui. Mais, en attendant, assieds-toi, chef !

Biza *(s'asseyant).* — Oui ! La belle vie, qui est la sienne ! Dis-moi, jeune homme, est-il vrai que ce commandant-là n'est pas estimé de l'ensemble des fonctionnaires du poste ?

Le commis. — Ce n'est ni faux ni exagéré. Par rapport à son prédécesseur qui a laissé un très bon souvenir ici, celui-ci est impénétrable. Il s'entoure d'un silence opaque, mais, avec cela, l'injure, toujours à fleur de lèvres : espèce de…, espèce de…, tantôt de macaque, tantôt de gorille ou de chimpanzé, quand ce n'est pas de Chinois vert !

Biza. — Et vous vous laissez ainsi malmener ?

Le commis. — Eh ! Que pouvons-nous, chef ?

Biza. — Mais tout simplement parce que vous n'avez pas conscience de ce que vous êtes, c'est-à-dire les vrais fils de ce pays ! C'est triste qu'un étranger puisse se permettre d'en imposer aux autochtones !

Mais un jour, il sera signifié à votre commandant qu'il n'est pas ici chez lui, qu'il est tenu dans l'obligation de la loi universelle du respect de toute personne humaine, quelle qu'elle soit, et que s'il ne s'amende, il n'aura qu'à plier bagage.

Le commis. — Le voici qui vient… Bonjour, mon commandant !

Le commandant *(sans répondre au salut du commis)*. — Laisse-nous tout seuls, et va te promener où tu veux ; je te rappellerai tout à l'heure. *(Le commis sort)* : Alors, Biza, as-tu *3 francs* ?

Biza. — Ma visite avait un tout autre but, mais puisque tu as besoin de *3 francs (il cherche dans sa poche…)*, les voici.

Le commandant. — Garde-les pour l'instant ; attends une seconde !

Il donne un ordre téléphonique à un garde invisible.

– Allô ? Nika ? Bon. Sonne le rassemblement comme pour le salut aux couleurs !

On entend la sonnerie et bientôt tout le poste se trouve rassemblé devant le bureau du commandant.

Le milicien. — Ma commande, touti li mondi ti sont prissa ! Il a sorma manqui z'homme inn !

Le commandant. — Bon.

Et, s'adressant à Biza :

— Tu vas comprendre.

Puis au milicien :

— Fais entrer tout ce monde-là !

Le milicien s'exécute. Le commandant s'adressant à la foule :

— Voilà, vous connaissez tous, très bien, le chef Biza, dont l'autorité, l'influence, mais surtout la vive intelligence *(étonnement du chef Biza)* le mettent au premier rang de ses pairs, Chefs, coutumiers. Vous savez également que son peuple lui porte beaucoup d'estime, un dévouement qui tient du culte, et lui obéit presque aveuglément. Le chef Biza…

Biza. — Commandant, je suis confus. Ce discours et ces éloges impromptus…

Le commandant. — Un instant, Biza, un instant !

Biza *(haussant les épaules).* — Je n'y comprends rien, moi.

Le commandant. — Oui, exemple rare et précieux pour l'administration, Biza est tout disposé à… *(surprise de Biza)* payer les 3 francs !

Biza *(réagissant très fort).* — Co… Com… Comment ? Moi ? Disposé, comme tu dis à payer les *3 francs* ? Il y a certainement, un malentendu, d'ailleurs, le voudrais-je, que je ne le pourrais pas, car mon peuple ne l'entend pas du tout de cette oreille ! Personnellement, j'ai déjà précisé ma position sur la question. Je n'y reviens plus. Je suis venu te voir pour un autre cas trop délicat pour qu'il préoccupe tout le monde. Enfin, je me trompe quand je dis un autre cas, car au fond, il est précisément la conséquence logique de tes fameux *3 francs* ! Par conséquent, renvoie tout ton monde auquel je présente mes excuses, pour être involontairement l'objet de son dérangement…

Le commandant. — Bon, bon ! À nous deux alors !

Sur un signe du commandant, tout le monde se retire.

Biza. — Maintenant, nous pouvons discuter à loisir !

Le commandant. — Tu m'as fait honte, Biza ! Ce n'est pas du tout sérieux de ta part !

Biza. — Tu as été maladroit, commandant, en voulant m'extorquer une volonté qui n'est pas la mienne ! Tu m'as demandé si j'avais *3 francs*, mais tu ne m'as pas dit si, pour ma part, je voulais payer les *3 francs* ! C'est différent, et je t'ai mal compris, c'est tout !

Le commandant. — Mais maintenant que tu me comprends, tu peux, toi tout seul, m'aider à dénouer la crise provoquée par le nouvel impôt !

Biza. — Erreur commandant, ou alors tu me connais mal ! Tout Biza, que je sois je ne peux t'être d'aucun secours dans ce domaine précis, l'affaire ayant été mal engagée ! Mon autorité, mon influence, comme tu l'as dit tout à l'heure, agiraient sans aucun doute en d'autres circonstances, mais je n'en impose que parce que je n'agis que selon l'intérêt de mon peuple. Nous ne refusons pas de payer les *3 francs*, parce qu'il nous serait tellement impossible de réunir une si modique somme, mais par principe, parce que l'administration n'a aucune politique cohérente à l'égard des indigènes. Qui plus est, elle pose un problème social au moment où Matsoua se meurt en prison à Mayama ! Et, chose curieuse, ce problème paraît procéder du même esprit que celui pour lequel Matsoua a précisément été condamné !

L'amertume est dans nos cœurs : l'administration dissout, d'autorité, notre Amicale, et envoie son fondateur au bagne ; en même temps, elle crée des sociétés indigènes de prévoyance ! Est-ce une manière pour l'administration de se racheter ? Nous voyons là une concurrence déloyale de sa part, en voulant délibérément prendre à son compte les objectifs de l'Amicale ! Le plus simple eût été qu'elle avouât ses errements et ses échecs de politique indigène, et y renonçât ! Plus grave encore, le petit village de Mbenseke a été, il y a quelques jours, le théâtre d'une comédie aussi insensée qu'injuste, et l'arrestation d'un jeune homme de cette localité en constitue un bien triste épilogue ! Quoi ? Jusqu'à quand l'administration coloniale persistera-t-elle à bafouer notre dignité ? Et tu me demandes de t'aider à débrouiller une situation volontairement et maladroitement créée par l'administration coloniale elle-même ! Non. Mais s'il n'est pas dans les intentions des autorités coloniales de pratiquer une politique indigène qui les condamne, je suis alors tout disposé à tout mettre en œuvre pour t'aider, et, pour cela, je te demanderais de commencer par renvoyer tes *3 francs* aux calendes grecques ! C'est du reste le mobile de ma visite. Je viens, en effet, te demander la relaxe pure et simple du brave jeune homme de Mbenseke.

Le commandant. — Brave ! Peut-être ! Mais une mauvaise graine, qui ne mérite pas qu'on la laisse germer, une mauvaise herbe dont il faut couper la croissance !

Biza. — Fais-en ce que tu en penses, mais sais-tu qu'en le punissant, c'est à tout notre peuple que tu as à faire ? Car le jeune homme n'a agi qu'en notre nom, et tu le sais aussi bien que moi ! Ce qu'il a fait, quelqu'un d'autre que lui aurait pu le faire à notre place à tous ! Voilà une circonstance atténu…

Le commandant. — Tu te trompes lourdement. Le pauvre peuple est précisément entraîné par des individus de l'acabit du rebelle de Beseke. La preuve, est que non seulement il a prêché la désobéissance au commandant, mais il est allé jusqu'à braver l'autorité que j'incarne, en la frappant au visage, au grand scandale des indigènes qui, eux, ne marchandent pas leur soumission !

Biza. — Je ne partage point cette opinion qui sous-estimerait la maturité de notre peuple qui a pris conscience d'une situation rendue intolérable par l'administration coloniale ! Mais chacun des composants ou des tenants de cette administration est plus ou moins coupable des désordres sociaux et moraux que nous connaissons aujourd'hui. Ainsi, il ne dépend que de toi seul que le cas de Mbenseke se résolve ou s'aggrave.

Le commandant. — C'est tout pesé, je ne reviens pas sur ma décision.

Biza. — Eh bien sûr ! Tu t'es arrogé tous les droits et tous les pouvoirs pour faire tout ce que bon te semble. Je pensais qu'en ma qualité de chef suprême, je pouvais faire accepter mes suggestions pour le bon fonctionnement de ton administration. Mais pour toi, je ne suis guère plus qu'un roitelet coutumier, dépourvu de jugeote !

Alors, tu t'entêtes. Mais ne viens-tu pas d'un pays où tes frères adorent une déesse qui se nomme Justice ?

Le commandant. — Ma Justice est là : quelqu'un prêche l'insubordination, et porte atteinte à mon autorité, je le punis de la plus belle façon !

Biza. — Sans doute, et ça se voit. Mais tu as mille choix dans la gamme de tes sanctions. Est-il écrit dans ta Loi que le cas du jeune homme de Mbenseke est passible de peine capitale ?

Le commandant. — Ma seule volonté est valable.

Biza. — Chez nous, une seule voix est nulle.

Le commandant. — Dans mon cas, et en la circonstance, en vertu essentiellement de ce que je représente, c'est-à-dire la France, elle prévaut !

Biza. — Soit. Tu te donneras toujours raison, même contre la raison ! Cependant, tu as tort dans le choix de la date pour exécuter ta décision !

Le commandant. — Et pourquoi donc ?

Biza. — C'est que pour toi, et en vertu du fait que tu représentes essentiellement la France, c'est un Quatorze Juillet !

Le commandant. — Et alors ?

Biza. — Et alors ? Mais quel sens donnes-tu au qua-tor-ze jui-llet ?

Le commandant *(surpris comme rat en ratière, se gratte la tête, et fait la grimace, pour toute réponse).*

Biza. — Eh oui ! Souviens-toi de 1789 ! Je croyais que ce jour-là tous les Français dignes de ce nom et de leur patrie commémoraient le Jour J du triomphe de la liberté sur le despotisme, le Jour J de l'instauration du règne de l'égalité, la célébration du Jour J de la fraternité entre tous les hommes ! Et c'est précisément ce Jour-là que tu choisis pour envoyer à la mort un jeune homme, parce qu'il veut être et rester libre chez lui, sur le sol de ses ancêtres ! Puis de contradiction en contradiction, c'est, dis-tu, en raison de ce que tu représentes, c'est-à-dire la France ! Alors, et franchement, je ne comprends pas !

Mais sache, commandant, qu'ici je suis la souche au milieu du chemin contre laquelle vous viendrez tous vous heurter !

Le commandant. — Je la déracinerai !

Biza. — C'est vite dit, mais ce n'est pas prouvé ! Notre querelle, commandant, me rappelle fort bien ce qui il y a une vingtaine d'années opposa Monseigneur Augouard et le gouverneur du Moyen-Congo. Que défendaient-ils, l'un et l'autre ? Un point de droit ! Mais chacun selon son entendement. Voici le fait, tel que l'a rapporté le Vicaire de Brazzaville, qu'on appelait du reste, sans une pointe d'ironie, l'Évêque des cannibales ! Écoute :

La veille de Noël (c'est l'Évêque qui parle), *un des chasseurs de la mission avait tué deux éléphants, et fut pincé en flagrant délit, ce gibier ne pouvant se dissimuler facilement ! D'où un procès-verbal, et tout ce qui s'ensuit.*

Mais le prélat ne l'entendait pas de cette oreille ; il plaida pour la cause du chasseur. Le chef de l'administration coloniale lui rétorqua :
— La loi est dure, mais c'est la loi ! *(Une vieille maxime romaine :* dura lex, sed lex !*)*
— Mais au nom de qui avez-vous fait cette loi ? s'enquit l'homme d'Église.
— En vertu de la loi du plus fort repartit le gouverneur.

Ici, l'éminent évangélisateur poussa un cri d'exclamation :

— Ah ! Et la justice, qu'en faites-vous ?

Le commandant. — Admirable Biza, admirable ! Mais…

Biza. — Mais justement, reprit l'évêque, *les Noirs n'ont donc plus le droit de vivre dans leur propre pays dont ils sont, au fond, les légitimes propriétaires ?* Je te le donne en mille, commandant que tu ne saches deviner à quel point fut extravagante la réponse du gouverneur, qui dit sans vergogne :

J'avoue, Monseigneur, que nous sommes d'injustes conquérants. Mais la justice n'a rien à voir avec l'équité (sic). Et le plus faible doit s'incliner devant le plus fort !

Le commandant. — Bravo ! Oh ! L'excellent gouverneur ! S'il était venu plus tôt aux colonies…

Biza. — Excellent ? Parce qu'il souscrit à la loi de la jungle ? Mais l'homme de Dieu plus habile avait pris son interlocuteur au piège ! Il lui dit simplement :

C'est ce que je voulais vous faire dire, monsieur le gouverneur !

L'évêque poursuivit pour mieux préciser sa position :

Mais avouez que cette théorie ressemble pas mal à celle des Boches. Mettez-vous à la place des autochtones et répondez à leur raisonnement : Quand le commandant Bazar (entendez : Brazza) *est arrivé ici, il a pris notre terre, mpamba* (pour rien). *Plus tard, d'autres Blancs sont venus.*

Le commandant. — C'est exact, puisque je suis là !

Biza. — Non moins vrai, mais c'est pour notre malheur ! Écoute la suite qui te le dira mieux :... *d'autres Blancs sont venus et nous avons été obligés de leur abandonner la rive du fleuve qui nous donnait du poisson en abondance. Réfugiés, dans la brousse le commandant est venu nous y relancer, pour nous mettre à l'amende* (entendez : impôt !)

Le commandant. — Et vous aurez à le payer toujours. Nous sommes ici pour ça…

Biza. — Jugez-en par la suite de ma citation :... *pour nous mettre à l'amende quand nous n'avons fait aucun mal. Pour pouvoir vivre et aussi payer l'impôt, à défaut de poisson, nous avons chassé la grosse bête.*

Mais voici que maintenant on nous défend de tuer ces gros animaux, surtout les éléphants qui ravagent toutes nos plantations.

Le commandant. — Qu'ils y mettent des veilleurs champêtres, nom d'éléphants !

Biza. — Je continue :... *et juste à ce moment, le maire nous menace de la prison si nous n'apportons pas maniocs, patates, bananes, etc. au marché de Brazzaville. Comment travailler sans nourriture ? Et comment nous nourrir et alimenter le marché, si nous ne pouvons pas protéger nos plantations ni tuer les bêtes qui n'ont pourtant pas été apportées par le commandant ?*

Narquois, l'archevêque de Brazzaville, qui mérita bien le surnom d'*évêque des anthropophages*, sollicita la réponse du gouverneur qui, cette fois encore, s'embarrassa. Écoute les deux hommes, commandant :

— Que répondre à ces arguments, monsieur le gouverneur ?

Mais, commandant, que vouliez-vous que l'homme de la jungle répondît à l'apôtre ? Alors, devant le silence du gouverneur, l'ecclésiastique attaqua directement :

— Et quand vous étiez maire de Lyon, qu'auriez-vous répondu à ces Noirs qui, remontant le Rhône avec leurs pirogues, seraient venus exiger de vous du pain, des redevances, des corvées et… plus vite que ça !

Mais, commandant, que vouliez-vous que l'homme de la jungle, fut-il maire de Lyon, répondît à Monseigneur ? Pourtant, hélas ! Monsieur le gouverneur, avec le toupet digne de son rang, laissa choir ces mots malheureux par lesquels on a mis la justice en prison ! Il dit :

— Tout simplement, je les aurais fait coffrer !

L'évêque s'indigna :

— Et la justice, encore une fois, qu'en faites-vous ? Monsieur le gouverneur ne sait pas, finalement, ce que c'est que la justice !

— Oh ! La justice, dit-il, elle est comme la vérité, assez difficile à déterminer…

Vous pouvez être fier, commandant, de vos porte-flambeaux, pour éclairer le monde ! Mais votre excellent gouverneur se crut malin d'ajouter :

— Quand Pilate demanda : *Quid est veritas ?* Jésus ne sut que lui répondre !

Voilà monseigneur dans son propre domaine où le gouverneur entre effrontément, mais pas pour y être chassé, et il le mit dehors à la manière de Jésus stigmatisant le blasphème de Satan : *Vade retro, Satana !* Voilà mon histoire, commandant. Je voudrais la résumer en quelques mots : les

Blancs viennent chez nous pour nous soumettre ; ils nous arrachent tout, pour nous empêcher de vivre. Mais si nous allions chez eux, avec le même esprit qu'eux, ils nous mettraient en prison ! Qu'est-ce à dire ? Nulle part au monde, même sur notre propre sol, le soleil ne brillera donc pour nous ? Et de Lyon, tu ne te contentes pas d'emprisonner le pauvre Noir ; tu viens chez lui, tu l'y poursuis, tu l'asservis, et tu le tues ! Seulement, le vrai coupable de Mbenseke n'est pas celui que tu crois !

Le commandant *(Désabusé).* — Quoi ?

Scène II

Les manifestants du 14 juillet — Malanda — Le commandant — Les miliciens — Le Révérend Père Pourchasse (Yadzoma) — Le chef Biza.

Le poste de district est pavoisé aux couleurs républicaines françaises. C'est la fête. Les tam-tams battent leur plein. Les danses sont endiablées. Malanda paraît bientôt, ivre et titubant ; les mains liées. Les tam-tams se taisent.

Malanda. — C'est bien, mes frères, c'est très bien ! Quand l'homme est content, c'est ainsi qu'il se réjouit. Quand il se sent pleinement libre, il chante à pleines dents ! C'est très bien, mes frères ! Chantez et dansez !

Mais aujourd'hui, vous chantez et dansez sur une scène d'adieu ! Chantez et dansez plus pour vous-mêmes que pour Mbutafoco qui ne connaît pas le prix d'une vie humaine ! De la fête qu'il préside, il ne connaît même pas le sens ! Lui, une fois son tour venu, il pourra contempler son Dieu, s'il en a un, par la fenêtre du paradis, mais ce sera tant pis pour lui !

Réjouissez-vous donc, mes frères ! Aujourd'hui plus que demain ! Demain, ne vous appartiens pas ! Pas plus qu'il ne m'appartient ! À moi surtout !

Ranimez les tam-tams ! Un feu intérieur, comme un feu de joie, me brûle ! J'ai vaincu celui qui se croyait le plus fort ! J'ai dédaigné de lui parler. Je lui ai prouvé que je n'étais pas un étranger sur ma propre terre. Mais que voulait-il savoir de moi ? Mon silence a désarmé Mbutafoco. C'est ma victoire, en attendant celle de tout le pays, demain ! Je ne suis pas de sang de traître. J'emporte avec moi mon secret. Je le confierai au vent qui l'éparpillera aux quatre horizons. Il ne sera connu que de verts feuillages qui frissonnent à son murmure, quand vient le soir, et que les têtes se penchent au coin du feu, et méditent sur des lendemains pleins d'espoirs ! Voilà la cause de ma joie, une grande joie !

Chantez et dansez ! Ce jour, est le mien et le seul de ma vie, qui soit vraiment solennel, et qui vaille au moins quelque chose, car mourir pour mourir correspondrait à quoi ? Les bêtes meurent sans savoir pourquoi ! Mais mourir pour un but, c'est avoir existé. Hormis cela, quelle vie serait digne d'être vécue ?

Battez-moi les tam-tams ! Je vais danser ma dernière danse, et je vais chanter ma dernière chanson !

— Rriii !
— Taaa !

Chantant et dansant, Malanda montre du doigt les miliciens qu'il accuse d'être la cause de sa mort :
– *Nghe ni nghe ee, nghe ni nghe,*
/Toi, toi, oui, toi, toi
Ni nghe ku ngombissa !
/C'est toi qui causeras mes malheurs !
Bu wa nduatila mpu ya buaka,
/D'avoir porté un chapeau rouge
Ni nghe ku ngombissa !
/C'est toi qui causeras mes malheurs !
Nghe ni nghe ee, nghe ni nghe,
/Toi, toi, oui, toi, toi
Etc.

La foule se joint à Malanda et chante en chœur.

Le commandant *(escorté, de ses miliciens, la voix tonitruante).* — Siiilence ! Je ne saurais mettre fin à vos réjouissances autrement qu'en vous offrant un spectacle inédit, et unique en son genre, pour le plaisir de vos yeux, et l'émotion de vos cœurs ! Car, en effet, il s'agit d'un cas d'espèce auquel il ne fut jamais donné à vos ancêtres d'assister ! *(Il ordonne)* Que les miliciens passent à l'action !

Les miliciens amènent un poteau, y amarrent solidement Malanda à qui vient d'être mis un bandeau autour de la tête, pour couvrir ses yeux, tandis que trois autres miliciens se mettent en position de tir. Les chefs indigènes arborant l'écharpe tricolore — emblème français — occupent un coin de la scène où se détache la silhouette de Biza, face à la foule haletante sous l'émotion. Le commandant demande au condamné s'il a une déclaration à faire.

Le commandant. — Le condamné a-t-il quelque chose à dire ?

Malanda *(hochant la tête, en guise d'acquiescement).* — Pas à toi, mais à mes frères dont je suis plus désolé que de mon sort. J'aurais tant aimé leur épargner un spectacle peu digne d'intérêt pour eux !

Mais, use, comme tu l'entends, de tes pouvoirs illimités de grand maître du moment, en attendant demain !

S'adressant à la foule, articulant posément ses phrases.

Pères, mères, frères, sœurs, restez bien ! Autrefois, selon l'usage ancestral, les condamnés à mort, les indésirables de la société, étaient tenus, avant leur exécution, de prodiguer, en guise de testament, des consignes de sagesse… Bien que mon supplice soit d'une tout autre nature, je voudrais toutefois honorer la vieille et noble pratique. Veuillez donc m'accorder un instant : Sur ma mort, ne pleurez point. Je l'accepte volontiers, parce qu'elle apportera le salut à notre peuple.

Vous en connaissez le prix. Il s'appelle : Li-ber-té ! Ne tremblez pas ! Vous avez beaucoup de force morale, et vous vaincrez ! Pour moi, avant la fin de ce grand jour, j'entrerai au ciel pur des Matsoua et Kimbangou ! Mon âme tressaille déjà d'allégresse, à la pensée de les y rejoindre, et je vous laisse une garantie : même outre-tombe, la lutte continue. Car, n'entendez pas le silence des mânes comme une lâcheté, comme une sourde oreille. Un travail obscur se fait à votre insu, qui sans être spectaculaire ne vous mènera pas moins à la victoire finale, le moment venu.

L'élimination physique n'est qu'une lâche méthode d'intimidation dont se leurrent ses praticiens. On m'ôte la vie, parce que naïvement, on croit pouvoir ainsi tuer une idée. Les idées, on ne les tue jamais ; elles sont immortelles quand elles expriment des causes justes. Voilà pourquoi je meurs content, offrant ma vie au salut de tout un peuple ! Ma mémoire demeurera. Enseignez aux enfants qu'il faut qu'une semence pourrisse sous terre avant de germer ! Pères, mères, frères, sœurs restez bien, et veillez sur les enfants !

Cependant, je désire recevoir des mains du révérend Yadzoma, le sacrement des morts *(quelqu'un s'échappe de la foule pour aller appeler le prêtre)*. Il est de la race qui me condamne aujourd'hui, mais il m'a fait partager sa foi chrétienne parce que je l'ai trouvée conforme aux dispositions des âmes généreuses, et répond intensément à notre humanisme de fraternité. S'il est des prêtres de sa religion qui ont failli, on ne peut, à cause d'eux, mettre en cause une doctrine fondée, sur l'amour du prochain qui fait de tous les hommes, quels qu'ils soient, quelle que soit leur origine, des frères ! Et je ne me serais jamais rebellé contre une autorité quelconque qui met en honneur le respect et la dignité de toute personne humaine. Mais cela est une autre chose… Que le révérend Yadzoma veuille donc m'assister ; car, si j'ai eu l'audace de braver une puissance temporelle injuste, le courage me manque, d'affronter Dieu, sans crainte de son jugement. D'autant que je ne meurs pas pour sa cause ! *(Il termine à l'adresse du commandant.)* N'en déplaise au Seigneur Commandant !

Le commandant. — Soit ! Si tu crois que tout cela peut te sauver.

Il s'éclipse, dédaignant d'assister à l'administration du sacrement. Arrivée du prêtre.

Le révérend. — Ouf ! J'ai craint d'arriver trop tard, mon fils ! Remercions Dieu de ce que je te trouve encore en vie !

Malanda. — Merci, merci, mon révérend ! Vous, vous êtes un saint homme, malgré tout !

Le révérend. — Trêve de mots inutiles ! L'heure est au plus pressé, et je suis tout prêt à recevoir ta confession.

Il étend sa main gauche sur Malanda qu'il bénit de sa main droite.

— *In Nomine Patris et Filii et Spiritus Sancti…*

Malanda *(en même temps que le prêtre, mais sans pouvoir se signer, ayant les mains liées)*. — Au nom du Père et du Fils et du Saint-Esprit… Bénissez-moi, mon révérend, parce qu'on dit que j'ai commis une grosse offense : j'ai dénoncé une oppression, et je l'ai bafouée ! Mais si c'était à refaire, je recommencerais volontiers, l'âme tranquille !

Le révérend. — En appelle, mon fils, au saint jugement de Notre Seigneur Jésus-Christ, mort pour son amour de tous les hommes, qu'ils soient Blancs, Noirs, Jaunes ou Verts…

Les exhortations du révérend.

— Mon fils en Jésus-Christ, Notre Sauveur, mort pour tous les hommes de tous les continents, de toutes les races et de toutes les conditions, il m'aurait fallu être à ta place, pour pouvoir trouver les mots qu'il faut, ceux qui apportent l'apaisement, la consolation, et toutes les raisons d'espérer, en cette exceptionnelle et ultime circonstance. Quel cœur, sans avoir été éprouvé, peut comprendre un drame intérieur ? Hélas ! Mon fils, le gouffre est trop grand qui me sépare de toi, pour que je réalise l'ampleur de ton accablement physique et de ta détresse morale. Mais toi, tu dis que tu paies aujourd'hui la rançon du courage, courage que te dicte ton amour des frères de race, parce que ceux-ci souffrent, et que tu ne veux pas, tu ne peux pas les voir souffrir. Mais le monde, mon fils, est bien méchant et chargé de contradictions. Ceux qui le gouvernent aujourd'hui te condamnent, parce que tu revendiques un droit légitime de tout homme d'être libre, à commencer par ceux-là mêmes qui te le nient aujourd'hui.

Cependant, tu ne meurs pas en vain, et ta mort même est déjà une victoire sur toi-même d'abord, sur tes ennemis ensuite. Tu te prouves à toi-même aujourd'hui jusqu'où tu es grand, parce que tu t'es surpassé en affrontant avec un mâle courage cette dure et pénible épreuve. Tu prouves aussi, à tes adversaires combien ils sont mesquins, et combien tu es inébranlable et inflexible dans ta détermination, et que c'étaient peine et temps perdus pour eux d'avoir tenté de te fléchir.

Enfin, tu nous prouves à tous que ceux qui donnent leur vie pour autrui savent à quel prix se paie parfois l'amour du prochain. Cet amour est comme un feu intérieur qui consume intensément les âmes généreuses, et se révèle capable de les conduire jusqu'au sacrifice suprême, au don total de soi. C'est ton cas, mon fils, et, en dépit des faiblesses du corps humain fait de chair et de sang, nous devrions nous réjouir de la grâce particulière dont le Seigneur-Dieu-Tout-Puissant te marqua dès le berceau.

Car il n'est pas donné à tout le monde d'être ce que tu as été, de faire ce que tu as osé faire, en un temps particulièrement difficile pour ton peuple. Donc courage, mon fils, en cet instant suprême où tu t'apprêtes à franchir le seuil de l'au-delà ! Prions : Ô Seigneur, Dieu-tout-puissant, créateur et animateur du monde visible et invisible, dispensateur de vies humaines, et qui en connais seul le prix, arme de tout le courage nécessaire celui qui, avant de comparaître tantôt devant ta sainte cour de justice, va subir les supplices et les affres de la peine capitale physique décidée et ordonnée par les forces du Mal, par le Démon de l'injustice. Mais aie aussi pitié de nous tous, car celui qui tue et celui qui est tué n'avaient aucune raison de se haïr, aucune raison de ne pas fraterniser. Et il y a deux mille ans que tu cries dans le désert des cœurs sans vie ton message d'amour inaccessible aux âmes impures.

Si tu n'étais Dieu, il y a bien longtemps que tu aurais sombré dans le désespoir, et il y a bien longtemps que tu aurais anéanti ta propre Création, tant le Mal l'a défigurée. Seigneur-Dieu-tout-puissant des persécutés, soutiens, le cœur de tous ceux qui souffrent, dans leur âme et dans leur corps, la méchanceté et la discrimination ! C'est toi qui créas tous tes fils égaux en droit dès l'aube des temps paradisiaques. Amen !

Le Révérend étend ses deux mains sur Malanda.

— Que la Paix du Très-Haut descende sur toi ! *(Il ajoute, en aparté)* : bienheureux sont ceux qui sont assoiffés de justice ! Ils briseront le joug de l'oppression ! *(Il s'en va.)*

Le commandant *(revenant à cet instant précis).* — Le jour suit son cours. Il en est à son déclin.

Il ne faut plus différer l'heure de l'exécution retardée par une demande de petit sursis stupide et idiot !

Il crie

— Feueu ! ! !

Biza *(se détachant du groupe des chefs).* — Un instant !

Le commandant. — Qu'y a-t-il encore ?

Biza. — Il y a encore que tu es un monstre inhumain ! Et tu as eu tort de n'avoir pas écouté le sermon de ton compatriote. Tu aurais été confondu, car j'en suis à me demander comment une grande nation comme la tienne au nom de laquelle tu commandes en tyran a pu produire des individus aussi différents les uns des autres, comme le sont le jour et la nuit ! Mais tu vas creuser le fossé pour l'élargir davantage qui séparera désormais nos fils d'un côté et les tiens, de l'autre ! Les nôtres n'auront de cesse de harceler les tiens jusqu'au jour où, vaincus, et acculés à la mer, ils franchiront l'océan, et se souviendront du chemin qui les ramène chez eux !

Le commandant. — Feueu !!!

Biza. — Miliciens, prenez garde ! La bravoure seule de ce jeune homme lui aurait valu la clémence de votre commandant. Je le répète à qui ne l'a pas encore assez entendu : il a agi en notre nom et à notre place ! N'importe qui, attachant du prix à la liberté des individus, se serait comporté de la même sorte, à commencer par vous, espèce de vendus et de traîtres !
Demain, quand se lèvera le Jour J de notre victoire, que ferez-vous lorsque le grand maître que vous servez aveuglément se sera sauvé et que vous serez dans l'obligation de vous rabattre dans notre société ?

Se tournant vers le commandant.

– Non ! Le jeune homme ne mourra pas. Mais pourquoi faut-il qu'il meure ? Parce qu'il a combattu pour nous ? Dans ce cas, fais-nous mourir ! Dans cet autre cas, tu ne peux pas non plus. Alors, je m'offre à sa place. Regarde-le bien ; il est encore jeune et plein de vie ! Il peut encore servir ta France, comme en 14, comme en 40 ! Rappelle-toi, commandant : nous avons sacrifié nombre de nos fils au salut de ta République. Ils sont tombés au front, en chantant : *Mourir pour la Patrie, mourir pour la Patrie, c'est le sort le plus beau le plus digne d'envie !* Mais pour quelle Patrie et pour qui sont-ils morts ?

Ah ! La belle récompense, en retour ! Aujourd'hui, tu nous cloues au pilori ! Pour moi, vieillissant, sans plus d'intérêt ni pour personne ni surtout pour toi, je mourrai content, donnant mon sang inutile à la place de celui du jeune homme que sa trempe destine à de plus hauts exploits ! Et l'Histoire, celle qu'on écrit avec le sang, m'en saura gré !

De nouveau, vers les miliciens

— Allez ! Miliciens, pointez sur moi vos canons !

Le commandant. — Que les miliciens fassent ce qu'ils ont reçu l'ordre de faire ! Retirez de la cible cet autre homme, et ouvrez le feu !

Biza. — Je ne suis pas cet autre homme : le sort du jeune homme est le mien ! Je veux dire le nôtre, celui de tout un peuple !

Mais deux miliciens exécutent l'ordre de leur maître. Biza essaie de résister, mais son âge avancé ne lui permet pas de s'opposer longtemps aux miliciens qui le maîtrisent bientôt. Alors, un milicien couche Malanda en joue.

Le commandant. — Feueu !!! Ou je m'énerve !

Le milicien tire, mais rate son premier coup. Le commandant s'égosille :

— Feueu !!!

À ce dernier ordre, les coups partent successivement. Malanda est atteint cette fois. Sa tête est inclinée. Mais remous dans la foule. Le commandant est empoigné. Bientôt, il n'est plus qu'un cadavre qu'on jette aux pieds du fusillé. Panique des miliciens. Silence.

Biza *(se détachant de la foule, fait une réflexion).* — Qui a eu le dernier mot ? Tous les deux morts, l'échelle est renversée : le sujet domine le verbe !

– FIN –

Cet ouvrage a été réalisé
par les ateliers graphiques ACGI
pour le compte et sous la direction
de Benoist Saul Lhoni

© 2018 Benoist Saul Lhoni
Édition : Books on Demand
12/14 Rond-point des Champs-Élysées, 75008 Paris
Impression : BoD - Books on Demand, Norderstedt, Allemagne
ISBN : 9782322143580
Dépôt légal : août 2018